ボランティアをやりたい！

——高校生ボランティア・アワードに集まれ

さだまさし・風に立つライオン基金 編

はじめに

本書では、「公益財団法人　風に立つライオン基金」主催で開催された「高校生ボランティア・アワード2019」に参加した高校生達のボランティア活動を紹介します。

風に立つライオン基金は、国内外において「いのち」や「平和」を守るために奉仕《ほうし》・慈善《じぜん》活動を実践している個人、団体を対象とする経済的な支援活動や、大災害時等における医療支援・普及支援事業、チャリティーコンサート等イベント事業等を行っています。

高校生ボランティア・アワードは、全国の高校生の皆さんが日頃から続けている〝ささやかで偉大な活動〟を応援するプロジェクトです。日々地道な奉仕活動を実践する高校生の〝発表・交流の場〟として、2016年に創設しました。

学校や活動分野の垣根《かきね》を越えて自由で活発な交流を行い、互いの活動に対する理解を深め、連携し助け合い、切磋《せっさ》琢磨《たくま》してもらうことを目的としています。

紙幅《しふく》の制約があり、「高校生ボランティア・アワード２０１９」に参加したすべての学校の活動を紹介することはできませんでしたが、本書に掲載されていない参加校の高校生達の活動も素晴らしいものであることは言うまでもありません。

本書では、高校生の活動の他、「高校生ボランティア・アワード２０１９」に賛同して応援してくださった応援団の方々からのメッセージと当日行われたシンポジウムも収録しました（メッセージは「プログラム」に掲載されているものを転載）。

本書を通して、全国で頑張っている高校生達のことをぜひ知っていただきたいと思います。

公益財団法人　風に立つライオン基金

目次

★目次

高校生の力

さだまさし

僕らが「風に立つライオン基金」を創立した一番のきっかけは、〝東日本大震災〟でした。

僕はこの震災が起こる前から、各地で災害が起こるたびに、主に知り合いのいる被災地などを訪ねて励まして歩く、ということを個人的にやっていました。

僕の「Birthday」という曲は気仙沼《けせんぬま》で作ったということもあったので、東日本大震災が起きた時は最初に気仙沼に入りました。その後、陸前高田《りくぜんたかた》や大船渡《おおふなと》にも行きました。どこに行っても被災地のみなさんがとても喜んでくださいました。

そうして、スケジュールの合間を縫《ぬ》ってできるだけ東北に行こうと決めて毎月のように行っていました。

その後、和歌山県の那智《なち》勝浦《かつうら》や奈良県の十津川村で台風被害があり、翌年には九州北部豪雨がありました。その時、僕は豪雨で大きな被害が出た大分県日田《ひた》市に行こうと思っていて、北海道の北見でＮＨＫの「今夜も生でさだまさし」をやった時に、番組のエンディングで翌日にチャリティーコンサートをやることを発表したのです。そうしたらコンサート会場で２００万円近くの義援金が集まりました。

それを持ってその翌々月、日田市に行き、そこで南こうせつさんや鈴木雅之さんと一緒にチャリティーライブをやって、市長さんに義援金を手渡しました。

すると、日田市のみなさんが、「無料で歌を聴かせてもらって、その上、義援金までいただいて、さだまさしをこのまま手ぶらでは帰せない」と、その場で募金活動をしてくれたんです。そして瞬く間に２４０万円が集まって、僕に託《たく》されました。

その預かったお金をどうしようかと考え、今度は、それを台風被害が大きかった那智勝浦で復興に取り組んでいる「くろしお商工会」に渡そうと思い、那智勝浦でチャリティーコンサートを開いて、くろしお商工会のメンバーに日田市民からの義援金を渡したのです。

すると、那智勝浦のみなさんが、「無料で歌を聴かせてもらって、その上、義援金までいただいて、さだまさしをこのまま手ぶらでは帰せない」（笑）と、その場で募金活動をしてくれて、今度は３２０万円が集まりました。

まさに「わらしべ長者」です。

僕はその年の暮れに仙台でカウントダウンコンサートを開くことにしていたので、そのコンサートに「くろしお商工会」のメンバーを招待して、それぞれ塩釜《しおがま》と石巻《いしのまき》で復興に取り組んでいる2つのグループに半分ずつ、那智勝浦のみなさんから預かった義援金を渡してもらいました。

★　★　★

このような活動をスタッフが見ていて、僕が個人でやるのは限界があるだろう、ということで、２０１５年に「一般財団法人 風に立つライオン基金」をつくってそこをベースに活動をするようにしました。

この基金の活動の一つは、海外で活動している日本人の医師や教育者を援助することです。発足当初に支援していたのは4団体ほどでしたが、今年は8つの団体に、50万円から200万円ほどを助成しました。主に開発途上国で医療や福祉、教育関係の活動をしているNPOやNGO団体が対象となりました。

設立してすぐ鬼怒川《きぬがわ》の堤防決壊による茨城県常総市の水害が起き、僕は泉谷しげるさんと2人で歌いに行きました。この時には100万円の義援金を持って行くのが精一杯でした。

翌2016年は熊本で地震災害、北海道南富良野《みなみふらの》の台風被害、鳥取県の地震と災害が続き、それらの被災地の支援にも取り組みました。

熊本大震災が起きた時、僕は1週間後にカステラとどら焼きを抱え込んで避難所に向かいました。

総重量260kgを超える支援物資なので、空港で超過料金を支払う覚悟をしていましたが、ANAの係員は「支援物資は無償で承《うけたまわ》ります!」と言い、さらに僕に向かって「ありがとうございます!」と深く頭を下げました。これには「日本中が応援している！」と胸が熱くなりました。

こうした活動を国も評価してくれ、２０１７年には「風に立つライオン基金」は「公益財団法人」に認定されました。公益財団法人になると公的な責任も重くなります。そこで、日本の各地で災害が起きたら駆けつけて行くということをこれまで以上に力を入れてやっています。

★　★　★

こういう活動をしていると、現場で炊《た》き出しなどをしている人たちと親しくなります。彼らから、ボランティアがどういうものなのか教えられることがよくあります。

たとえば、２０１８年の西日本豪雨災害の時、岡山県真備《まび》町で、災害が起きた翌日にカヤックを買って浸水区域をまわり、12人を助けたという人がいるんです。カヤックなんて乗ったこともないのに……。

「風に立つライオン基金」は、そんな各地のボランティアグループとつながって、彼らを応援し、資金のサポートをしています。行政ではできないきめ細かい活動の支援です。

こういう活動は、「さだまさしが死んでいなくなったら終わり」というわけにはいきません。若い世代にも引き継いでもらいたい。そんな思いもあって、高校生ボランティア・アワードを立ち上げました。

もちろん、高校生ボランティア・アワードに参加したら「風に立つライオン基金」のメンバーになる、というものではありません。志のある若者たちに僕らの思いが自然に伝わっていけばいいなと思っています。

「高校時代は自分のことで精一杯だったけれど、大学生になって時間に余裕ができたから「風に立つライオン基金」の活動を手伝う」と言ってくれる若者も出てきています。

そういう若者が増えていけば、襷《たすき》はつながっていくのではないでしょうか。

★ ★ ★

2018年の西日本豪雨災害で感動的なことが起こりました。

豪雨被害があきらかになる中、岡山県総社《そうじゃ》市の高校1年生の女生徒が市長にあるツイートをしました。

「私たち高校生に出来る事はありませんか？　自宅待機はもう嫌です。」

市長はすぐに「市役所に手伝いにきてください」と返信したそうです。

彼女がこれをSNSで拡散したところ、翌朝、総社市役所に1000人もの中学・高校生が集結したのです。

こうして総社市の泥掻《どろか》きは、総勢4000人ほどの高校生が始めたのでした。

駆け付けた「風に立つライオン基金」の副理事長の依頼を受けて、総社市の支援の下、彼女を中心に4つの高校の生徒たちは夏休みを利用して「家の掃除や建て直しに忙しい親たち」の代わりに公民館に子どもたちを集めて、共に遊び、勉強も教えました。高校生が開いた「みんなのライオンカフェ」の壁には「風に立つライオン基金」のシンボル旗が掲げられ、高校生たちはライオンTシャツを制服代わりに着用しました。

また彼らは、全国から寄せられた支援物資を、飲料水、食料品、家庭用品、衣類、雑貨などと、それぞれ仕分けし、市役所の屋根付きの車庫を開放してあたかもフリーマーケットのように公開しました。総社市民もお隣の真備町の人も、そこへ欲しい物を取りに来ると高校生たちが店員のように世話をする。

活き活きと働く彼らを見たとき、僕はこれはある種の「革命」だと感じました。高校生はもはや子どもではない、こんなに力があるのだということを教えてくれました。

以後、この出来事を僕の仲間たちは「総社モデル」と呼んでいます。

★　★　★

ボランティア活動をしている高校生たちは、案外、地域では孤立していることも多く、自分たちのやっていることが役に立っているのかと不安に思うことがあるかもしれません。けれども、こうして高校生ボランティア・アワードに集まることで、同じ志を持った仲間たちと知り合うことができます。そこで刺激しあう。

たとえば、ホタルを増やす活動をしている高校生がいれば、もう一方で、外来のホタルを増やすのは生態系を壊すからまちがいだ、という活動をしている高校生もいる。そこでお互いに違う視点から学びあう。高齢化するリンゴ農家の作業を支援するためにドローンを飛ばしてリンゴの受粉をやろうというユニークなアイディアも出てくる。

さまざまな形で刺激しあい、アイディアを出しあい、協力しながら、高校生とは思えない活動を行っている高校生は本当にいっぱいいます。

高校生ボランティア・アワードに参加した高校生たちが、互いに連絡先を交換して、SNSで情報交換をしたりしています。そんなふうにしてみんながつながりあっていけばよいなと思います。

アメリカなどはボランティアに携わる高校生が多いようですが、そこには宗教の基盤が影響しているように思います。一方、日本の高校生のボランティアの多くは、必ずしも宗教的な基盤などないところから出発して「誰かの役に立つ活動を」という志でやっているところがすごいと思います。

こういう若者たちは、将来、ＮＰＯをやらなくても、たとえば町内会を支えるリーダーになってくれるだけでも町が変わると思います。ですから高校生ボランティア・アワードは、町内会長を育てようというプロジェクトなんです。

将来、高校生ボランティア・アワードに行ったという町内会長が全国に出てきてつながればこの国は変わると思います。

高校生には日本を変える力がある。

僕はそう信じています。

高校生たちの活動

北海道士幌高等学校

環境専攻班・士幌環境講座、ボランティアクラブ

カシワの木を守る、そして子ども達を見守る

北海道の十勝平野はかつて一面の原生林に覆われていました。けれども、明治期以降、農地造成や宅地開発でその多くは失われていきました。

現在、十勝地方に残されたカシワ林は、環境省の「緑の国勢調査」においても学術的に貴重な存在とされています。

北海道士《し》幌《ほろ》高校環境専攻班の調査によると、学校がある河《か》東郡《とうぐん》士幌町に現在残っているカシワ林は町の面積のわずか0・95%にすぎないことがわかりました。

カシワ林を守ることは、多様な動植物が生きられる環境、豊かな生態系を作ることにつながります。そのため、環境専攻班のメンバーは、このカシワ林の保全活動に力を注いでいます。

士幌高校のカシワ林から採取した種子でカシワの苗木の生産に取り組み、できた苗木を植樹祭などに提供して植えてもらうことを目指しています。また、カシワの防風林としての機能も研究し、さらにカシワを活用した商品開発もしています。

「カシワの実を活用した商品開発を行って、カシワの魅力を発信しています。たとえばカシワの実を使ったコーヒーやクッキーを試作中です。どうしても渋みが残ってしまうので、それをなんとか取り除いて商品化できないか研究しています。」

そこには、商品をPRすることを通して、ひとりでも多くの人に、士幌町のカシワ林が減少していることについて知ってもらいたいという思いがあります。知ってもらうことが、保全につながっていくからです。

「自分達もはじめはカシワ林のことなどほとんど知りませんでしたが、世界遺産の知床に研修に行ってナショナル・トラスト運動のことを学んだりしているうちに環境問題についての知識も深まったように思います。こういう活動ができることはとても楽しいです。」

◇　◇

一方、士幌高校ボランティアクラブは地域の子どものための活動をしています。子ども達の放課後の居場所づくりです。士幌町では、児童数の減少によって地元の小学校が閉校してしまいました。閉校が決まった小学校の子ども達の不安を取り除くために、地元の学童クラブを定期的に訪問し、クリスマス会などの季節の行事をいっしょに楽しんだりしました。

さらに統合先の新しい学校の学童クラブを訪問して引き続き交流を続けています。地域の子ども達が集まる「地域ふれあい広場」にも参加しています。

「士幌町は牛の数が人の数よりも多いので、子ども達に人気のある『うんこドリル』を参考にして『牛ふんドリル』という教材を作りました(笑)。みんなけっこう喜んでやってくれますよ。」

保護者が農作業で忙しくて家を留守にしがちな十勝の農村地区では、これらの活動は保護者達からも高い評価を得ているそうです。

このボランティアクラブは2年前にたったひとりの生徒によって休部状態から復活したそうです。

「最初は部員がゼロだったのですが、先生に誘われてひとりではじめました。中学生の時にもボランティアをやっていたのであまり抵抗はありませんでした。いまは2年生部員、1年生部員も増えたので安心です。」

現在は、閉校した小学校の児童達が担っていた地域活動――地域のクリーン作戦や地域ふれあい活動など――をボランティアクラブの生徒達が引き継いでいます。

カシワの木を守る、そして地域の子ども達を見守る……いずれもこの地域にとって欠かすことのできない活動です。士幌高校の生徒達のこうした活動がこの地域の未来を支えています。

（2019年カーコンビニ倶楽部賞受賞）

青森県立五所川原農林高等学校

野菜研究室

津軽の農村風景や農体験を活用した「高校生認知症カフェ」の運営

青森県立五所川原《ごしょがわら》農林高校には「耕心庵」という名の築189年の古民家があります。いまから40年ほど前に校内に移築され、長い間、寮や合宿所として使われていた建物です。

いま、この古民家は「認知症カフェ」として地域の高齢者の憩《いこ》いの場となっています。

以前、生徒達が認知症グループホームを訪問した時に、農業や農体験を趣味とするお年寄りが多いことに気づき、認知症の高齢者やそれを支える方々が気軽に立ち寄れる居場所を作りたいと思って「認知症カフェ」をはじめました。古民家の佇《たたず》まいや囲炉裏を見て、なつかしさを感じてくれるお年寄りも多いそうです。

認知症カフェの運営にあたり、野菜研究室のメンバー全員が高校生認知症サポーターの講座を受講しました。さらに、段差を解消し、手すりを付けるなど、バリアフリーの環境を整えました。

「農業高校なので、農業を取り入れた活動にしたいと思っていました。地域の方々にお話を聞いていると「作物を育て、植物を愛《め》でる」という生きがいを失った農家の高齢者などが多いことがわかりました。ですから、このカフェでは「アグリタイム」という時間を設けて、花の世話や野菜の栽培が体験できるような場を作っています。」

メンバーのひとりがそのように話してくれました。

アグリタイムで栽培するのは、津軽の伝統野菜「毛豆《けまめ》」です。かつて農家として毛豆を栽培していた高齢者も多いため、昔のことを思い出しながら作業をする人もいるようです。

花の世話や野菜栽培に加え、さらに今年からりんご栽培の作業も取り入れました。

「りんご農家だったお年寄りも多いんです。りんごの木の世話の仕方をお年寄りから教えてもらうこともあります。」

IoT機器やSNSを使って、身体を動かさなくても離れた場所からも花や作物に水やりをできるシステムを作りました。

「遠く離れた場所からでも植物を育てている感覚を味わえるように工夫をしています。」

カフェタイムにはハンドマッサージをしながら、お年寄りと会話を楽しんだり、折り紙を折ったり、栽培した農産物をいっしょに食べたりします。」

ハンドマッサージに使うハンドクリームは、製薬会社が提供してくれるそうです。

「お年寄りと向き合ってマッサージをしたりお話をしたりしていると、自然に笑顔になってくれます。ふだん私達は高齢者に接する機会がそれほど多いわけではないので、こうしていろいろなお話を聞くことができて楽しいです。」

高齢者との接し方については、専門家から指導を受けて「ユマニチュード」(フランス語で「人間らしさを取り戻す」という意味)という介護技術を応用しています。

野菜研究室のメンバーは、認知症の人やそれを支える人が「津軽らしいと感じられる環境」を整えること、そして、それらの人々の「心がほんわか」できるような活動を目指しています。さらにこのような活動を全国に広げていきたいという夢があります。

「高校生で認知症カフェの活動を行っているところはまだ少ないと思います。私達の活動を全国に発信していって、こういう場所が各地に増えていくとよいなと思っています!」

(2018年鎌田實賞、2019年カーコンビニ倶楽部賞受賞)

★ 青森県立五所川原農林高等学校

宮城県農業高等学校

桜咲く明日へ

科学部復興プロジェクトチーム

宮城県農業高等学校は、明治18(1885)年に開校した日本最古の農業高校です。宮城県名取市にあり、卒業生は約2万2000名にのぼります。

東日本大震災以前、学校は海岸から500mほどの沿岸部に位置していました。そのため、大津波によって甚大《じんだい》な被害を受けて校舎は全壊し、学校は使用できなくなってしまいました。2018年に現在の場所に移転するまで、7年半にわたって他校の間借り教室や仮設のプレハブ校舎での授業が続けられていました。

被災した地域は海水をかぶり、防風林がなくなったことで海風が吹き付ける厳しい環境に変わってしまいました。この地域の緑は、震災前の約1割にまで減少していました。緑を増やし生態系を豊かにしていく必要があるのです。

震災直後、津波の被害を受けた校庭で奇跡的に生き延びた6本の桜の木がありました。これが生徒や学校関係者、地域の人々に勇気を与えてくれました。そこで、この桜を学校と地域の復興のシンボルにしようと桜の植樹プロジェクトがスタートしました。

さまざまな方法で奇跡の桜の苗の増殖をはじめ、被災した学校周辺の沿岸部に植えてみました。けれども津波を被った土壌は塩分濃度が高く、すぐに枯れてしまいます。津波で表土が流されたため、この地域に新たな土が運ばれて整地されました。表面上は整備された土地に見えますが、よく見ると小石や砂利などが含まれていて、必ずしも植物が育ちやすい土壌ではありません。

「木の周囲に土を入れて桜を植えても3年くらい経つと成長がストップしてしまいます。桜の木がしっかり根を張って成長し、桜並木を作るには1本当たりの直径で10m、深さで1m以上はよい土でないといけないのです。」

持続可能な環境のためには土壌を豊かにしていくことが必要です。

「いろいろな方法で土壌改良を試しましたが、簡単にできる方法はありません。木の周囲に穴を掘り、堆肥《たいひ》を運んで、よい土にしていくしかない。本当に地味でたいへんな作業ですが、こうしていくしかないのです。」

震災の1年後から植樹をはじめ、この7年間で植えた桜の数は864本になりました。

「もともと桜は弱い品種なので、本来はこの地域の植樹には適さないものかもしれません。けれども桜の花というのは人々の希望になります。家も家財道具も何もかも失うという究極の体験をした人にとって「花」は希望なのです。桜を植えると言うと、だれもが「いつかこの桜の木の下で花見をしたい」「花が咲くのが楽しみだ」と言ってくれます。これらが地域の人々の生きる力になっているのではないかと思います。」

土壌が再生するまでには長い年月が必要だと言われています。そのためには労力と時間とお金がかかります。

これらの活動を続けていくために「桜塩《さくらじお》」という調味料を開発して販売し、活動資金に充《あ》てています。

桜塩は花のつぼみを摘《つ》んで、塩漬けにして乾燥させ、それを岩塩と混ぜて作っています。満開になる前の花を摘むことで、桜の木の成長も促《うなが》されます。製造・販売には地域の方々にも協力していただいています。

「桜を育て、桜塩を販売し、その収益で土壌改良をする……。このシステムが循環していくためには、学校だけでなく、さまざまな人々の関わりが必要です。堆肥を作るためにはコストがかかりますから行政の力も必要です。そしてもちろん桜塩を作る人……。桜を育てるためには地域全体が関わることが必要です。」

プロジェクトに携わる尾形政幸先生がそう話してくれました。震災後、引きこもりがちだった地域の人々も協力してくれているそうです。

宮城県農業高校の科学部復興プロジェクトチームによってはじめられた桜の再生プロジェクト、いつの日か、緑豊かに生まれ変わって美しい桜が咲き誇る被災地に世界中の方々を招待したいという夢があります。

山形県立置賜農業高等学校豆ガールズプロジェクト

「豆活」の向こうに明るい希望が生まれる

「紅大豆《べにだいず》キーマカレー」「百恋《ひゃっこい》ジェラート」、そして新商品の「べにーちゃん」……。

高校生ボランティア・アワードの展示ブースにさまざまな商品が並べられていました。これらはすべて山形県立置賜《おきたま》農業高校の豆ガールズ達が考案した「紅大豆《べにだいず》」製品です。

紅大豆は置賜農業高校がある山形県川西町の伝統野菜です。その名が示すとおり、皮が赤い色をしています。寒暖差の激しい盆地性気候を生かして生産される川西町の特産品・紅大豆は、栄養価が高く、ほくほくとした食感とコクのある味わいで地元の人々に愛されているそうです。

けれども、手間やコストがかかる伝統野菜の生産を続けていくことは農家にとって簡単なことではありません。

そこで、豆ガールズは、そんな農家を支え、地元の伝統野菜である紅大豆を広めていくために、紅大豆を使った町おこし・地域貢献活動をスタートさせました。

プロジェクトは「豆で元気なまちづくり」(豆活《まめかつ》)として、「豆学《まめがく》」「豆育《まめいく》」「豆伝《まめでん》」の3つを活動の柱にして取り組んでいます。

まず、「豆学」とは紅大豆に関する知識を深めることです。生産者から豆の栽培について学び、豆料理の研修会を開催したり、新しい豆料理のレシピ作りに取り組んだりしています。

次に、「豆育」とは紅大豆を用いた食育活動です。紙芝居やカルタなどを通して地元の小学生達に紅大豆の魅力を伝えています。県外の方々などに向けた料理教室なども行っています。

そして、「豆伝」は新商品の開発や販売、PR活動です。冒頭で紹介したキーマカレーやジェラートはいずれも紅大豆を使って開発した商品です。

新商品の「べにーちゃん」はパン生地に紅大豆の豆乳とおからを練りこんだクロワッサンの自信作。地元のパン屋さんで販売され人気を集めているそうです。

「手作りなのでたくさんは作れませんが人気が高くてすぐに売り切れてしまうんです。べにーちゃんのように、新しいアイディアをみんなで出しながらいろいろ試してみるのが楽しいです。」

紅大豆商品は「豆の駅」や産直施設で販売されています。仙台圏や首都圏まで出かけてPR・販売活動をすることもあるそうです。

顧問の江本一男先生はこの活動について次のように説明してくれました。

「さまざまな世代と連携しながら地域のために役立つ活動を行い、それが評価されることで生徒は自分達の活動の意義を実感しているのではないでしょうか。地域の魅力を自分達で見つけていくことで、この地域への愛着も増します。それによって、ずっとここで暮らしていこうという思いも強くなるのではないでしょうか。豆ガールズの活動はそのような地域の魅力を再発見するきっかけになると思います。」

豆ガールズプロジェクトは生徒が地域の魅力に気づく契機《けいき》となり、そしてそれが地域の人々にとっても明るい希望となっています。

山形県立置賜農業高等学校

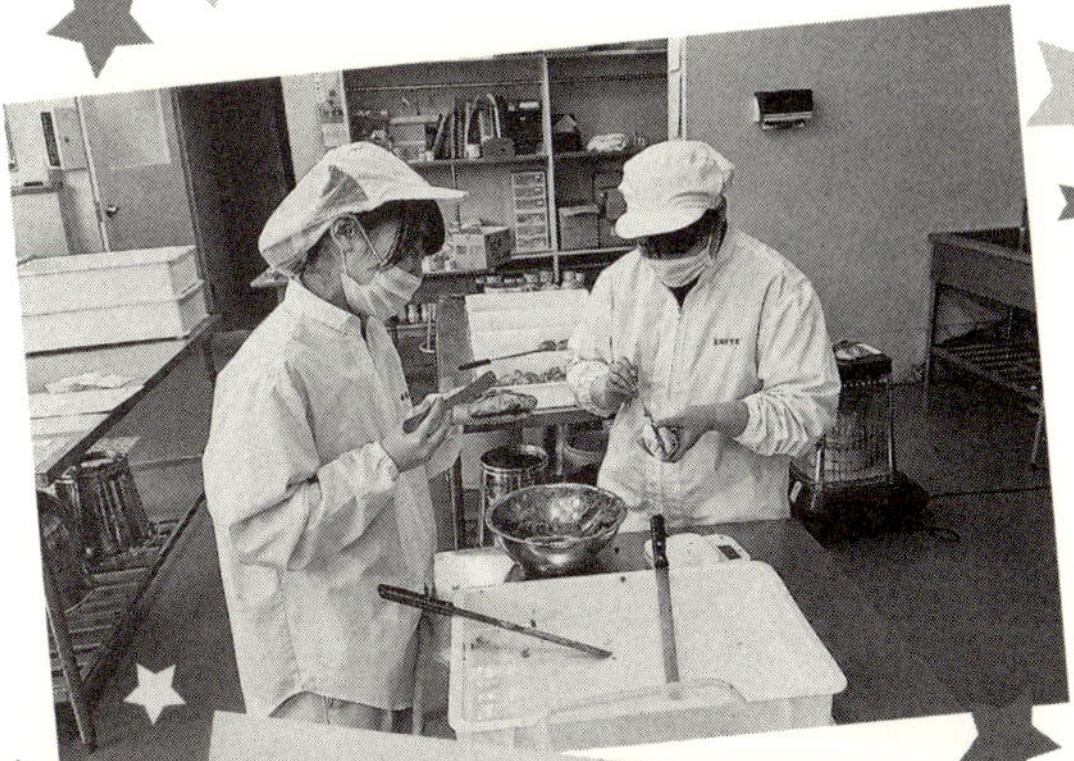

佐渡裕（指揮者）

Yutaka SADO

以前、花火大会で事故が起きた街の高校生から私に「花火が中止になり楽しみがなくなったこの街を、音楽で元気にしてください！」というお願いがありました。

私は「君達の街に指揮をしに行くけれど、街を楽しく出来るかどうかは君達にかかっている」と答えました。彼らが自分達で企画、運営した演奏会の当日、ぎこちない笑顔の受付や拙《つたな》い司会等、見ていてハラハラの連続でした。けれど、公演後、１００人を超える高校生達の笑顔は自分達で作りあげた、という大きな達成感と幸福感に包まれていました。

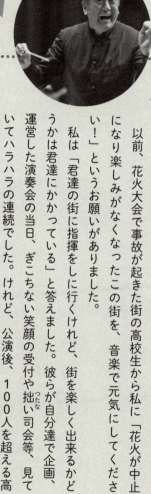

自然災害、痛ましい事故、毎日のように社会には悲しいニュースが飛び交っています。私達が幸福に暮らしていくために、今こそそれぞれの役目を考え、担わなくてはならない時です。

ティーンエイジャーの皆さん、今皆さんは溢《あふ》れる体力とピュアな心を持ち、創造力も努力も惜しまず発揮できる、人生で最強の時なのです！ ティーンエイジャーの力で、日本を幸福感で満たす事が出来ると信じています。皆さん何が出来るのか、とても楽しみにしています。

京都市立芸術大学卒業。1989年ブザンソン国際指揮者コンクール優勝。欧州の一流オーケストラに多数客演。2015年9月よりオーストリアのトーンキュンストラー管弦楽団音楽監督に就任。国内では兵庫県立芸術文化センター芸術監督を務める。

ものづくりの力

福島県立白河実業高等学校

機械科課題研究班

福島県立白河実業高校機械科課題研究班は、機械科で学んだ「ものづくり」の技術を生かしたボランティア活動を行っています。

地域のために役立てることはないかと考え、まず行ったことは地域の人々のお話を聞くことでした。地域の状況を見て回り、住民の方からニーズの聞き取りをすると、ごみ集積場の問題が見えてきました。ごみ集積所が小動物やカラスに荒らされていることや、容量が小さくてごみが入りきれないこと、破損《はそん》していて使いにくいことなどで地域の人々が困っていることがわかったのです。

そこで、課題研究班のメンバーは、新たなごみ回収ボックス製作に取り組むことにしました。住民の方々の要望を詳しく聞き取り、用途に合わせてデザインや大きさ、形状を自分達で考えました。

たとえば、高齢者が開閉しやすいように扉をカーテン式にし、小動物に荒らされないように金網を使うなど工夫を凝らしています。骨組みには等辺アングルを使い、材料を寸法に切断し、溶接には、炭酸ガスアーク溶接を使って作業を進めました。

サイズが大きいので、製作には苦労をしたそうです。

「溶接が一番難しかったです。授業では小さな鉄板に、溶接の練習をすることが多いのですが、これは大きくて重量もあります。設計図通りに溶接して作るのは大変でした。でも、こうして自分達の技術を生かしてひとつの製品として形になるのがとてもうれしかったです。」

重量のある構造物を、ガタつかず形が歪《ゆが》まないように組み立てることは容易なことではありません。

「溶接はただ単に鉄を溶かしてつなげればよいというわけではありません。瞬間的に高温になるので鉄が曲がったりします。どのように変化するかを見極める必要があります。溶接する順序も含め、いろいろと考えて作業を進めないと形が歪んでしまいます。」

機械科の蛭田清孝先生が作業の難しさをそのように説明してくれました。

苦労の末にできあがったオーダーメイドの回収ボックスは自治会に寄贈しました。既製品はサイズや形も決まっていますが、このオリジナル製品はたいへん使いやすいと好評だそうです。

そして今年、これまでの実績が評価され、あらたに白河市の観光地に設置するごみ箱製作の依頼をうけました。白河市を代表する、日本最古の公園といわれる南湖《なんこ》公園に設置するごみ回収ボックスです。

観光地に置くものですから、容量、強度、耐久性に加え、これまで以上に景観への配慮も求められます。課題研究班のメンバーがさまざまなアイディアを出しながら、現在、懸

命に製作に取り組んでいます。

近年、ＩＴやＡＩの最先端の技術がもてはやされますが、昔も今も、ものづくりの基本はこのような溶接や加工などの基礎的な技術です。

西白河地区には、機械・電子・医療関係などの日本を代表する企業の拠点となる工場があります。「君達の先輩方が技術を発揮しているんだ」と言って、自分の技術に誇りをもつように伝えています。

ものづくりに求められるものは、けっして華やかなものではありません。地道にこつこつと繰り返すことで身につく技術です。その地味な技術が日本の土台を支えているといっ

てよいかもしれません。

高校生ボランティア・アワードのブースには、南湖公園に設置する回収ボックスの3分の1のサイズの試作品が展示されていました。

「このサイズのものを作るだけでも生徒が夏休みに毎日朝9時から5時まで作業を続けて、5日間かかりました。地元の塗装屋さんから塗装技術も教えていただいて塗装も施しました。大きな製品はひとりでは作れません。仲間達とコミュニケーションをとることも大事です。」

現在製作中だという回収ボックス。果たしてどんなものができあがるのでしょう……。南湖公園に設置される日が待ち遠しく感じられます。

ももいろクローバーZ

困っている人たちを助けたい。誰かの役に立ちたい。そうは思っていても行動に移すのってなかなか難しいと思います。

そんな中、実際に自分たちで行動に移している高校生の皆さんの姿に毎回心を打たれます。

今年も高校生の皆さんにお会いできるのを楽しみにしていますし、私たちも精一杯盛り上げていきたいと思います！　よろしくお願いします！

ももいろクローバーZ　玉井詩織

百田夏菜子、玉井詩織、佐々木彩夏、高城れにの4人によるガールズユニット。2008年結成。2010年5月に「行くぜっ！怪盗少女」でメジャーデビュー。19年5月に5th. ALBUM「MOMOIRO CLOVER Z」をリリース。

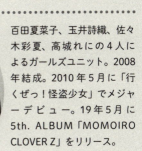

栃木県立鹿沼南高等学校

農業女子のための環境と地元にやさしい手指洗浄剤の開発

課題研究野菜班

農業に従事する人口は年々減少し、とくに女性の割合は減少しています。この減少を食い止め、農業に就業する人を増やしていくにはどうしたらよいのでしょうか？

農業には「きつい、汚い」というイメージがあります。

「農業の悪いイメージを少しでも改善して女性の従事者を増やすことはできないだろうか……。農業をおしゃれにして、女性や若者に選ばれる職業にしたい。」

という思いで活動に取り組んでいるのが、栃木県立鹿沼南《かぬまみなみ》高校課題研究野菜班です。

いま取り組んでいるのが、トマト栽培の作業で手や手袋に付着する汚れの洗浄剤の開発です。

トマトの栽培や収穫の作業をする時、手や手袋に強い臭いのする真っ黒な汚れが付くそうです。これは「トマトタール」と呼ばれるもので、トマトの茎《くき》や葉から分泌される成分によるものだといわれています。しかしながら、実はほとんど研究されておらず、その実態はよくわかっていないのだそうです。

「汚れが手に付いて酸化すると黒くなり、それが指紋の間に入り込んで取れなくなるんです。その汚れを落とす洗浄剤が無くて、いくら洗っても落ちないというのが農家の方々の悩みなんです。そこで、その汚れを落とすことができる洗浄剤を開発しようとしてはじまったのが、私達のプロジェクトです。」

洗浄剤のヒントは農家の方々からいただきました。

「トマト農家さんに、いつもその汚れをどうやって落としているんですか？　と聞くと、トマトの果汁で落としている、とおっしゃっていました。それをヒントに、なぜトマトの果汁で落ちるのかを考え、果汁のphが関係しているのではないかという仮説を立てました。」

そこでレモンやブルーベリーなど、さまざまな果物の果汁などでテストしてみました。そしてその結果、クエン酸を使用することによって汚れの成分を溶解できることがわかったのです。

ただ、これだけでは十分ではありません。指の指紋の間に入り込んだ細かい汚れまでは落ちないのです。

「指紋の間の汚れを落とすために研磨剤《けんまざい》のようなものが必要だと思いました。化学的なものでなく、天然のもので汚れ落としに適したものはないかと考えました。」

そして野菜班のメンバーが注目したのが、地元の「鹿沼土」だったのです。

鹿沼土は栃木県の特産で、主に園芸に使われる弱酸性の土です。土の粒をよく見るとスポンジのように細かい多数の孔《あな》が空いていて、臭いや汚れ、油を吸着する作用があるのです。さらに、粒子が球形で研磨効果があるため、指紋の間の汚れまで落とすことができます。

地元特産の土にそのような効果があるということは大きな発見でした。

汚れを落としやすいように異なるサイズの鹿沼土の粒子とクエン酸とを独自の比率で調合しました。

こうして作られた洗浄剤は、頑固《がんこ》な汚れと臭いを素早く劇的に落とすことができたのです。しかも手はしっとりします。鹿沼土の粒子が血行促進の効果も期待できるそうです。天然由来のものなので、人の手にも優しいし、環境の観点からも優れています。

まだ試作段階なので、今後、農家の方々に実際に使ってもらい、少しずつ改良をしていくことにしています。そして、この洗浄剤をシリコン製のカラフルな容器に入れて商品化することを目指しています。「女性の目を引く商品にしていきたいです。おしゃれな容器は女性に喜ばれるのではないかと思います。」

この商品は農作業の汚れに悩まされている多くの農業女子の悩みを解消する希望に満ちた商品です。

（２０１９年 chay 賞受賞）

野生動物被害から農家や自然環境を救う

群馬県立利根実業高等学校　生物資源研究部

「私達の活動は小さな活動です。野生動物被害対策の研究は地味な作業が多く、時間がかかります。研究活動や防護柵《ぼうごさく》設置などのボランティア活動は雨や降雪の中でも行います。でも、辛くはありません。私達の活動が地域を救う活動だからです。」

高校生ボランティア・アワードの資料には、このように活動紹介が書かれていました。群馬県立利根《とね》実業高校生物資源研究部は、この資料に書かれているように「野生動物被害から農家や自然環境を救う」活動を行っています。

群馬県北部の中山間地域では、イノシシやニホンジカなどの野生動物による農業被害や希少植物の食害が起きています。沼田市に玉原《たんばら》湿原というミズバショウの咲く湿原があるのですが、そこにシカが侵入してきて食害が深刻になっているそうです。

これらの被害を防ぐためにはどのような対策が有効なのでしょうか。生物資源研究部のメンバーは、まず野生動物の生態を知るために調査を開始しました。学内には43haにおよぶ広大な演習林があります。そこにセンサー付き無人カメラを設置してイノシシやシカの生態や行動の調査をはじめました。

調査を続けた結果、大きな発見がありました。

「イノシシの色覚には青色に反応するという特徴があることがわかりました。そこで、イノシシの侵入を防ぐために青色の防護柵を設置してみました。するとイノシシが青色を警戒して侵入しなくなることがわかったんです。」

そうして青色の防護柵を作って畑に設置し、効果をあげているそうです。廃材を利用するなどできるだけコストをかけずに作られた柵で農地が守られています。

次なる課題はシカ対策です。

シカはエサを求めて標高の高いところから低いところまで広範囲で行動している傾向が強まっています。イノシシには有効だった青色の防護柵はシカには効果はありません。そのため、シカの対策にはイノシシとは異なる新たな工夫が必要になります。

「いまは行動調査と生態調査の段階です。獣道《けものみち》や足跡、糞《ふん》などを調べたりして、シカがどのように移動しているのか記録をしています。」

シカの被害を防ぐ有効な対策がすぐに見つけられるわけではないかもしれません。けれども、生物資源研究部のこうした地道な活動が、生態系を守り、野生動物と人間が共存する道を示してくれています。

（2017年ももいろクローバーZ賞、2019年カーコンビニ倶楽部賞受賞）

テツ and トモ

TETSU and TOMO

テツ　毎年みんなの瞳がキラキラしてるのはなんでだろう？　毎年みんなの熱い思いや活動に感動するのはなんでだろう？　毎年みんなから元気をもらえるのはなんでだろう？　みんなの素晴らしい活動がこれからもどんどん広がって大きくなることを信じています。

トモ　生徒の皆さんの真剣な眼差しや笑顔が凄く印象に残っています。様々な角度からアイディアを出し、それを行動に移す事は容易ではありません。

毎年、皆さんの発想力や優しい気持ちに感動しています。

では、皆さんもご一緒に！　なんでだろう〜、なんでだろう〜

1998年コンビ結成。「なんでだろう」が2003年新語・流行語大賞「年間大賞」を受賞。2019年7月に、初の絵本『なんでだろう』を刊行。

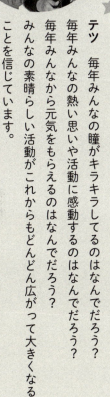

ぐんま国際アカデミー中高等部女子高生ヘアドネーション同好会

ひとりでも多くの人に「幸運のウィッグ」を

小児がんや事故などで頭髪が失われた子ども達へ医療用かつら（ウィッグ）を寄付する活動が「ヘアドネーション」です。

病気の治療の過程で髪の毛が失われてしまうということは子どもにとって精神的に大きな負担になります。退院後も「外に出たくない」「友達に会いたくない」という気持ちになる子は多くいるそうです。

中学2年生の時にテレビのドキュメンタリー番組でヘアドネーションのことを知った伊谷野真莉愛さんが2年間かけて髪を伸ばし、それを寄付したことがこのボランティアをはじめるきっかけになったそうです。このヘアドネーションの活動をもっと広げようと、SNSで全国の女子高生に呼びかけ、学校に所属しない同好会を立ち上げたのです。

当初、もっとも苦労したのは協力してくれるウィッグ会社を探すことだったそうです。約

30の会社に連絡しましたが、高校生だけの活動ということでなかなか相手にしてもらえなかったそうです。何度も何度も交渉をして、協力を申し出てくれたのは、唯一、アートネイチャーだけでした。

また、病院探しにも苦労しました。活動の趣旨には賛同してもらえても、さまざまな制約があって実際に協力してくれる病院がなかなか見つからないのです。ついにはメンバーである妹の友里愛さんと太田市長にも直接お願いをして、ようやく群馬大学医学部附属病院と群馬県立小児医療センターが協力してくれることになったそうです。そして昨年から東京の国立成育医療研究センターも協力をしています。

活動を続けていくうえでたくさんの困難がありましたが、髪の毛を寄付してくれる人々から送られてくる応援の手紙が大きな心の支えになったそうです。

メンバーのひとりがふだんの活動について次のように説明してくれました。

「SNSで寄付を呼び掛けて髪の毛を送っていただいたり、美容室に協力していただいて髪を集めたりしています。ふだんは、送られてきた髪の毛を長さごとに仕分けてウィッグ会社に送ったり、髪を送ってくださった方に感謝のお手紙を書いています。」

寄付する髪の毛は31㎝以上の長さがあることが条件で、約30~40人分の髪の毛でひとつのウィッグができます。

ウィッグが患者さんに届けられるまでに次のような経過をたどります。

「髪の毛を集める」↓「髪の毛を寄付してくれた方々に感謝の手紙を送る」↓「集めた髪の毛を整理する」↓「髪の毛をアートネイチャーに送る」↓「病院の医師や患者さん、その家族との話し合いをする」↓「病院で患者さんの頭を採寸する」↓「アートネイチャーに採寸データを伝え、ウィッグの長さやデザインについて話し合う」↓「完成したウィッグを患者さんに寄贈する」。

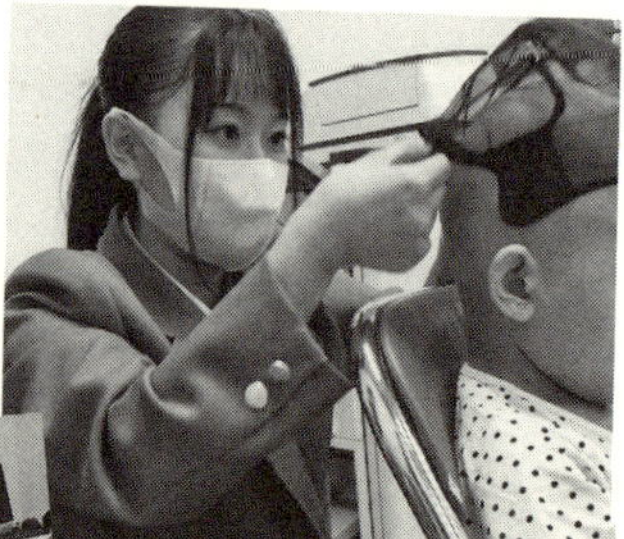

できあがったウィッグは患者さんに直接届けて、患者さんがウィッグをつけた状態で美容師さんがカットして髪を整えてくれます。

ヘアドネーション同好会が製作した活動紹介のショートフィルムには、ウィッグをつけた子どもの、とてもうれしそうな笑顔が映し出されていました。

「こうして作られるウィッグを「幸運のウィッグ」と呼んでいます。そこにはこの活動に携わるメンバー、髪の毛を寄付してくださった人々、ウィッグ会社の方々、病院関係者、美容師、その他多くの人達の「必ず病気は治る」「私達も一緒に病気と闘うよ」という思いが込められています。」

活動をはじめた頃は、なかなか髪の毛が集まらなかったそうですが、少しずつ協力してくれる人が増えて、これまでに髪の毛を寄付してくれた人の数は約８００人にものぼるそうです。そしてこの活動に参加してくれる高校生も増えています。

学校の定期テスト期間中にも作業を進めなければならないことなど、この活動を続けていくには大変なことも多くあります。

「でも、ひとつでも多くのウィッグを作って、人の目を気にすることなく過ごしていける人が少しでも増えることを目標にしています。」

（２０１８年さだまさし賞、来場者最高投票賞、２０１９年来場者最高投票賞受賞）

chay

私は大学生の頃、2年間ボランティアに携わる機会がありました。

〝困っている人を助けたい〟という思いを実際に行動に起こすことはとても勇気のいることだと思います。

高校生の皆さんがこんなにも熱心にボランティアに参加されていることを知って感激しました。

2012年ワーナーミュージック・ジャパンより「はじめての気持ち」でCDデビュー。2015年フジテレビ系月9ドラマ主題歌「あなたに恋をしてみました」をリリースし50万ダウンロードを突破するヒットに。

埼玉県立栗橋北彩高等学校　ボランティア部

「避難所はここです！」

関東平野を流れる利根川の川岸から約１㎞の場所に立地する埼玉県立栗橋北彩《くりはしほくさい》高校。久喜《くき》市のハザードマップを見ると、利根川が氾濫《はんらん》して洪水が起きた場合、学校付近は３〜５ｍの浸水の被害が予想される地域になっています。家屋倒壊《とうかい》という予想もなされています。

近年は、地震や豪雨などによる自然災害が多発していますから、地域で防災に取り組むことの重要性はますます高まっているといえるでしょう。そのため、栗橋北彩高校ボランティア部は地域の防災活動に力を入れています。

学校の周辺を調査したところ、この地域は2階建ての建物が多く、５階建て以上の建物は栗橋北彩高校の校舎しかないことがわかりました。学校は久喜市から避難所に指定されているので、川が氾濫して浸水が起きた場合には地域の人々が大勢避難してくることが予想されます。

災害が起きた時に、地域の人達が安全に避難できるようにするにはどうすればよいのか……。まず、避難所に指定されている学校を地域の人々に知ってもらうことが必要です。

そのためボランティア部は、地域の人々と学校で防災交流会を開催しています。

「地域の住民のみなさんを学校に招いて、災害時の食料や衛生問題などをテーマに話し合いをしています。そして、学校の敷地内にある防災備《び》蓄《ちく》倉庫を地域の方に見ていただきました。」

市の防災担当職員にも来てもらい、防災備蓄倉庫について説明を受けたところ、備蓄食料が必ずしも十分ではなく、避難者が仮に1000人いた場合には、備蓄倉庫には1日分の食料もないことがわかりました。

このため、避難をする人には食料を持参してもらうように呼び掛けることが必要です。交流会は、市の防災体制の現状を地域の方々に知ってもらう機会になりました。また、地域の方が市の担当者に日頃の疑問や要望を伝える場にもなりました。

防災交流会のほかにも、部員は避難生活を模擬体験して、炊《た》き出し訓練や食料分配の練習などもやっています。

食料の分配というのは、簡単なように見えて、実際には難しいものです。たとえば、「ゼリー5個とアイス5個」を10人に分ける時にどう分配するか。半分ずつ分けようとすると時間も手間もかかるので、アイスかゼリーかどちらか一方を選んでもらって配るほうが早く衛生的です。このようなことは事前に体験しておくといざという時に慌《あわ》てないですみます。

ボランティア部は、このようにさまざまな体験を重ねながら、災害に備えています。学校が地域の避難所になっているケースは全国に数多くあります。でも実際に地域の人が使いやすくなっているか……、栗橋北彩高校ボランティア部の活動が大きなヒントになっています。

鎌田實
（諏訪中央病院名誉院長）

Minoru KAMATA

世界は内向きになって、自分ファーストが進んでいる。格差社会が広がり、食べることができない子どももいる。

国内でも、厳しい状況の中で、やっと生きている人たちがいる。世界や日本をよくするために、ほんの少しでも弱い人に手を差し伸べることが大事。

イラク難民キャンプや、チェルノブイリ原発事故で困っている子どもたちや、日本の被災地に手を差し伸べてきた。

高校生の皆さんの新しい「手の差し伸べ方」を勉強させてもらおうと楽しみにしています。

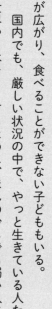

千葉県立八千代西高等学校　図書委員会

本と人をつなぐ読書活動

千葉県立八千代西高校の図書委員会は、「本を通して人とつながる」ことを活動の目標にしています。近隣の特別支援学校の児童や生徒、保育園の園児、小学校の子ども達、そして公共図書館に来る地域の方々を対象に、絵本の読み聞かせや朗読劇《ろうどく》を行っています。

朗読劇は、ただ本を読むだけでなく、訪問先の対象に合わせてシナリオを起こしています。もとになる絵本は、たとえば『ともだちや』や『どうぞのいす』など……。特徴的なのは、これらの朗読劇で使うさまざまな小物です。

「本を読むだけでは子ども達は飽きてしまうので、登場人物や動物のお面をつけ、さまざまな小道具やフエルトの立体しかけ絵本など子ども達が喜びそうな小物を使います。これらを使った朗読劇は大好評です。小道具はすべて手作りなんです。」

朗読劇を観た人からは、

「声がよく出ていて、小さい子どもが集中できました。」

「子どもの喜ぶクイズや栞《しおり》のプレゼントもあってとても良かったです！」

などの感想が寄せられているそうです。

「そういう感想をもらえるとうれしいですね。やりがいがあります。」

これらの読書交流会のほかにも本を広く紹介する活動も行っています。

八千代西高校は読書活動に熱心に取り組んでいる学校です。２０１７年に「朝の読書大賞」（高橋松之助記念顕彰財団）を受賞し、２０１９年には子供の読書活動優秀実践校として文部科学大臣表彰を受けています。

校内の活動も盛んで、図書委員が依頼して教員それぞれが推薦する本を紹介してもらい、「先生おすすめ本」という冊子にまとめて全校生徒に配布しています。

さらに学校内にとどまらず、八千代市内の他の高校の教員の方々にも依頼して、「八千代市内の高校の先生おすすめ本１５０冊」を作り、２０１８年に八千代市内の書店の協力のもと、ブックフェアを開催しました。

そして２０１９年、隣接する船橋市内の高校の先生方にも協力を仰いで「八千代市内・船橋市内の高校の先生おすすめ本101冊」を作って書店でブックフェアを開きました。このブックフェアには八千代東高等学校、秀明八千代高等学校、八千代松陰高等学校、千葉英和高等学校、船橋芝山高等学校、船橋古和釜高等学校も参加しています。書店には大きなポスターも貼られ、来店者に強くアピールしました。

「協力高校の生徒が描いたイラストで特製オリジナルブックカバーを作って、本の購入者にプレゼントしました。どの学校の先生方も積極的に協力してくれました。他校の図書委員会と交流会を開いて関係を深め、情報交換もしています。」

「本」を通した図書委員会の活動が、地域の子ども達、近隣の学校、そして地元の書店へと着実に広がり、地域の読書文化の活性化につながっています。

どうぞ
の
いす

千葉県立八千代西高等学校

広尾学園高等学校

インターナショナルコース翻訳ボランティア

海外の大学の講座を翻訳する

広尾学園にはインターナショナルコースというグローバル教育を重視したコースがあります。ふだんの授業は英語で行われています。翻訳ボランティアは、このインターナショナルコースの生徒達の英語力を生かしたボランティアです。

NPO法人Asuka Academyから提供される海外大学の講義の動画の翻訳を有志で行っているのです。Asuka Academyは、MIT（マサチューセッツ工科大学）など海外トップ大学のSTEM教育やプログラミング、SDGsや環境などの動画教材に日本語字幕をつけて配信しています。現在2万7000人を超える受講生がいるそうです。

「海外の一流大学の講義を、語学の壁を無くして誰もが受講することができるようになったらいいのではないか」と考えた先輩達の発案でこのボランティアがはじまったそうです。

「国内にいながらにして海外の大学の教材にアクセスできるというのはとても重要なことだと思います。さまざまなテーマについて、海外の研究者の視点から学ぶことによって視野も広がると思います。ものごとを多角的に考えることにもなります。」

いままでに翻訳した講義は、米国のイエール大学の心理学や哲学の講義、MITの講義などがあります。

翻訳ボランティアは現在、約50人のメンバーがいます。講義の分量が多いので、グループに分けて、分担して翻訳を進めています。

「今年は「哲学と人間」という講座を担当しています。ひとつの講義が約50分、1年のコースで約26回の講義があります。翻訳に携わるメンバーの数が多いので、日頃からメールでコミュニケーションを密にとって作業を進めるようにしています。」

一次翻訳と二次翻訳を異なるグループが担当し、さらにリーダーが最終確認をするようにしたり、表記統一用のシートを作成して用語の統一をはかるなど、さまざまな工夫をして少しでも完成度を高めるようにしているそうです。

「心理学や哲学の講義は専門用語も多いので高校生が訳すのはたいへんです。翻訳機を使わずに自分達で調べながら翻訳作業を進めるので時間もかかります。」

同じ単語でも教授の表情やイントネーションによって意味が異なることもあるので、細かい情報を正確に日本語に変えて伝えていくことが要求されます。

翻訳機の使用は禁止されていますので、機械の力に頼らず、自分達の力で作業を進めます。翻訳は語学力の問題だけではなく、伝える側の意図を正確に読み取る力が必要なのだそうです。

「このボランティアは私達自身にも、とても役立ちます。高校生でありながら海外のトップレベルの大学の講義内容を知ることができるからです。それによって英語力を磨くこともできます。さらに進路を考えるときに海外の大学を視野に入れることもできるようになりました。なによりも、自分の能力を生かして人々の役に立てるというのがうれしいですね。」

語学に堪能《たんのう》な高校生達が、その語学力にさらに磨きをかけて翻訳に取り組み、それが多くの人々の学習に役立つ……、両者にとって共に望ましい関係が作られたボランティア活動です。

広尾学園

東京学芸大学附属国際中等教育学校

高校生による子ども食堂での無料学習支援

 とも×とも

「とも×とも」は、高校生ボランティアが放課後に、子ども食堂に集まる子ども達を対象に無料で勉強を教える活動をするグループです。

この活動は、メンバーのひとりのKさんが、ある時ネットニュースで、〈親が夜遅くまで働いているなど家庭の事情や経済的な理由で、家でひとりぼっちで食事をしたり、十分に食事をしていない子どもがいる〉という事実を知り、自分に何かできることはないかと考えて子ども食堂でボランティア活動をはじめたことがきっかけだったそうです。

「食堂に来ていた不登校の女の子に勉強を教えてほしいと頼まれたんです。その女の子に教えているうちに、他の子ども達も宿題を持ってきていっしょにやるようになったんです。そういう様子を見て、他の子ども食堂でも学習支援の活動が必要だと思いました。」

いま、子どもの貧困や孤食《こしょく》率の高さが社会問題となっていて、全国で子ども食堂が広がっています。

子ども達が必要としているのは食事だけではありません。勉強のサポートや信頼できる大人とのつながりを求めています。

小学生にとって、ボランティアの高校生は年齢も近く気軽に接しやすいお兄さんお姉さん的な存在です。ですから、仲良くなってくると、勉強を教えてもらうだけでなく、悩みを聞いてもらったりするようにもなります。一方、子どもが好きな高校生や、ボランティアしたいと思っている高校生はたくさんいます。

「お互いの思いやニーズをうまく結びつけられたらよいなと思い、とも×ともの活動をはじめました。」

とも×ともは「友達と共に」という意味です。

「いま、40名ほどの高校生ボランティアがいて、都内の4か所の子ども食堂で活動をしています。子ども食堂が開催される日に、高校生数名が行って、食事前に1時間ほど勉強をします。親近感をもってもらい、子どもが友達と共に楽しく勉強しようという気持ちになってもらえればいいなと思っています。子ども食堂に集まる子ども達にとってコンプレックスになりやすい学校の勉強に対して、少しでも嫌だなという気持ちが減り、学習意欲が増してくれれば、私達の活動の目的が果たせると言えると思います。」

子ども食堂のスタッフからは、

「子ども達は高校生が来るのを今か今かと待っています。」

という声も聞かれるそうです。

勉強だけでなく、さまざまな悩みごとを相談できる相手が近くにいるということは子どもにとってとても心強いことでしょう。

「継続して子ども達と関わりをもつことで、徐々に頼られるような存在になってきたと思います。続けていくことが大事なので、これからも地道に子ども達に寄り添った活動をしたいです。」


（2019年つなげるテレビ TOKYO MX賞受賞）

実践学園中学・高等学校

環境プロジェクト

屋上ビオトープを活かしたエコ活動

都心にある学校の屋上に緑の森が広がっている……?!

実践学園の校舎の屋上にある「実践の森」と呼ばれる豊かな自然環境を管理し、研究しているのは環境プロジェクトのメンバーです。

実践の森は、武蔵野の台地の植生を再現し、地域に根差した自然を保護することをコンセプトとしたビオトープです。生徒達が自然を学ぶ場として活用されています。

都会に暮らし、自然との関わりについて考えることが少ない生徒達が、自然の大切さを知り学ぶ場としてこの森で活動をしています。

ここには太陽光発電や雨水タンクを用いた自然エネルギーの循環設備があり、「持続可能な社会」を考える場としても活用されています。

自然を学ぶための活動としては、畑や田んぼでの作物の栽培、落ち葉を利用した堆肥《たいひ》作りなどがあります。

また、持続可能な社会を考えるための活動として、太陽光発電の発電量のデータ分析や、屋上緑化による建物の冷却効果の研究をしています。

環境プロジェクトのメンバーが屋上で野菜や稲を育てていて思わぬことに気づいたそうです。それは、このビオトープが都会の虫や鳥達の憩《いこ》いの場になるということです。

屋上を訪れる生物を観察した結果、ここには年間80種類以上の昆虫と十数種類の野鳥が訪れていることがわかりました。もともとは「手作り野菜を食べたい」という思いではじめた野菜の栽培でしたが、それが、都会の生き物達の営みの一部になっていることを実感することにつながったそうです。

都会にもさまざまな生物がいます。水や食べ物のある自然豊かな環境は、そんな都会の生物達にとっても必要だということに気づかされました。

これらの自然観察や研究活動の成果は、環境新聞を発行したり、さまざまなイベントで発表するなどして、多くの人々に伝えています。

昨年は、生物多様性をテーマに、屋上に飛来する生き物の観察をしましたが、今年は、外来植物にスポットを当てています。駆除《くじょ》する対象として外来植物をとらえるのではなく、有効な活用方法があるのではないかとさまざまな可能性を探っています。

身近なところからはじめられたエコ活動が、生徒達が自然と触れ合う場を作り出し、地球環境の問題や持続可能な社会のあり方を広く考えることにつながっています。

（2019年ももいろクローバーZ賞受賞）

小林麻耶（フリーアナウンサー）

Maya KOBAYASHI

高校生の時期に誰かのために、地球のために、想い動けること、心から尊敬します。

私自身は2010年から献血推進プロジェクトに参加していました。

優しさの行動が命を救うことを何度も実感しました。

幸せを感じられる時間を1秒でも長く作っていきましょう！

2003年アナウンサーとしてTBSに入社。「チューボーですよ！」「世界・ふしぎ発見！」「王様のブランチ」などの人気番組で活躍。2009年にフリーとなりアナウンサーとしてだけでなくタレント活動、講演会など幅広く活躍中。

インドネシアの孤児院で

東京都立杉並総合高等学校

杉総組 team F

東京都立杉並総合高校では国際的なボランティア活動が活発に行われています。SGH（スーパー・グローバル・ハイスクール）などではなく、ごくふつうの公立高校ですが、ユネスコスクールに認定され、グローバル教育、国際交流に力を入れている学校なのです。

その国際的な活動のひとつにインドネシアとの交流があります。

学校の授業に「国際ボランティア」という科目があり、ボランティアについて学んでいます。2015年に文部科学省の「トビタテ！留学JAPAN」事業に採用され、ボランティアについて学んでいる生徒達がインドネシアを訪問したことがインドネシアとの交流のきっかけです。

そして、その後も継続して生徒達がインドネシアを訪問し、福祉施設（孤児院）でボランティア活動を行うようになりました。

現地を訪問する生徒の数は毎年10人前後、中部ジャワ州にある福祉施設を訪れ、そこに約2週間泊まり込んでボランティア活動をします。

はじめての海外旅行体験がこのインドネシアでのボランティア活動だという生徒もいます。熱心に取り組む生徒が多く、なかにはこの活動に参加するため、アルバイトをして航空券代を貯めていく生徒もいるそうです。

寄付や募金活動などではなく、高校生自身が実際に海外に渡って活動するのは費用の問題もふくめて大変なことも多くありますが、他では味わうことができない貴重な経験をすることができます。

「はじめてインドネシアに行った時は生活環境や文化の違いに驚きました。たとえば、川にたくさんのゴミが浮いていましたし、道にゴミがたくさん落ちていても誰も気にしていないので、衝撃をうけました。でも、訪問先の施設に到着すると子ども達が集まってきて歓迎してくれました。みんなといっしょにやった活動が楽しくて、いまではすっかりインドネシアにはまってしまいました。」

訪問先の施設にはさまざまな事情や問題を抱えた子ども達がいます。

「そこには子ども達が50～60人くらいいます。その子ども達と生活を共にしながら、彼らがいま何を必要としているのかということを自分達で考えて、工夫しながら、それに応えるための活動を行います。」

インドネシアで訪問するのは孤児院だけではありません。現地で環境ＮＧＯが行っているマングローブ再生プロジェクトに参加したこともあります。これはＳＤＧｓをテーマとする学びにつながる活動です。

「現地の学校との交流もしています。昨年は、インドネシアの独立記念日のイベントに参加させてもらいました。日本人墓地に連れて行ってもらっていっしょに清掃作業を行いました。それまで歴史にはあまり興味がありませんでしたが、インドネシアでさまざまな体験をして考えさせられることがたくさんありました。」

現地を訪れて人々と共に活動をすることが、教室の中だけでは得られない貴重な学びの場にもなっています。

東京都立杉並総合高等学校

神奈川県立中央農業高等学校　養鶏部

完全自給飼料をめざして

神奈川県立中央農業高校は明治39（1906）年創立の長い歴史をもつ農業高校です。「命の大切さ」「自然環境の大切さ」「農業の大切さ」を学び、地域社会に貢献する力を育むことを教育の大きな目的としています。

学校には、野菜部、果樹部、酪農部、養豚《ようとん》部、畜産加工部、生活園芸部など、農業高校ならではのクラブがあります。そのなかのひとつに養鶏《ようけい》部があります。養鶏部では、鶏を育て、鶏卵を採り、その鶏卵を用いた商品の開発や研究活動を行っています。力を入れていることのひとつが、地元特産のみかん「湘南ゴールド」を使った養鶏飼料作りです。

いま、国内で販売されている鶏卵の約95％は国産です。しかしながら採卵をする鶏を育てるために使われている飼料の約9割を輸入に頼っています。国産はわずか1割弱にすぎません。ふだんは学校でもこうした配合飼料を使っているそうです。

飼料の自給率を高めるため、できるだけ輸入に頼らずに、少しでも国産の飼料を増やしていくことができないだろうか……。試行錯誤《しこうさくご》の末に思いついたのが、従来の飼料に、国産の食材などを混ぜることで飼料を増量することでした。

「いま、余った食料を廃棄する「食品ロス」が大きな問題となっています。規格外などで販売できずに廃棄処分となっている野菜を飼料として活用できないかと考えました。」

そこで目をつけたのが、地元特産のみかん「湘南ゴールド」でした。

まず、近隣のみかん農家を訪問して、みかんの生産の現状や課題について聞きました。

それによると、輸入品の増加や後継者不足などによってみかんの栽培面積や生産量は低下していることがわかりました。いままでは廃棄していたみかんを飼料として活用することができるようになれば、みかん農家の支援にもなりますし、飼料のコストも下げられます。そして、国内での飼料生産量を増やすことにもつながります。

配合飼料にどのくらいみかんを混ぜることができるのか、その割合などについて大学の専門家と共同で研究をしました。

「10％程度であれば、既製の配合飼料のなかに他の飼料を混ぜても産卵などには大きな影響はないということでした。そこで、みかん農家から規格外品の湘南ゴールドをいただいて、自分達で粉末にして飼料に混ぜて使ってみました。」

湘南ゴールドを混ぜた飼料で鶏を育てた結果、卵の質はほとんど変わらないことがわかりました。味も通常の卵との差はみられず、むしろ菓子類に用いると生地に膨《ふく》らみが出ることなどがわかったのです。つまり、飼料にみかんを混ぜて使うことは十分に可能だということがわかりました。

ただ、栄養的にはたんぱく質が不足して偏りが生じてしまうこともわかったので、それらを補塡《ほてん》することなどが必要だそうです。

まだまだ課題はありますが、ひとつひとつ課題をクリアしていくことができれば、新たな飼料として活用できる可能性があるようです。

近年、「ゆずぶり」や「オリーブはまち」などフルーツ魚が人気を呼んでいます。湘南ゴールドを使った飼料で育てた鶏の卵をブランド化すれば、話題になって認知度も向上していく可能性もあるかもしれません。

今回使用した鶏種は産卵鶏ですが、地元神奈川県産の肉用鶏である「かながわ鶏」に飼料を与えれば、鶏も飼料も県内産の地元の特産品になります。そしてその鶏卵や卵で作った製品を地域で販売していけば食が循環していくようになるのではないでしょうか。

廃棄されていた地元の特産品を活用し、飼料の自給率を上げるためにはじめられたこの取り組みが、地球環境に負荷をかけない農業のあり方、地域を活性化させる農業のあり方をさぐるうえで大きなヒントとなっています。

慶應義塾湘南藤沢高等部

環境プロジェクト

「半学半教」――人との「つながり」から得ること

慶應義塾湘南藤沢高等部環境プロジェクトは、2003年に発足した有志団体で、全体で5つの班(教育デザイン、高校生環境連盟、子供支援、企業連携、古民家)に分かれて活動しています。「やりたい」と思った社会貢献や環境活動にそれぞれが力を注いでいます。

さまざまな活動のひとつに教育デザイン班の出前授業があり、小学校を訪問して環境に関わるテーマを扱った授業を行っています。

「ひとくちに環境問題といっても、「ごみ問題」「水の汚染」「フードロス」「大気汚染」など、さまざまなものがあります。テーマによって学ぶ学年も異なります。それぞれのテーマに合わせて、どうしたら子どもが理解しやすいかを考えて、毎回、授業案、教材を作り、授業の進め方を工夫して行っています。」

出前授業はひとつの学年を任せていただくことが多く、訪問先の学校の先生と詳細に打ち合わせをし、テーマ案の作成、提示、決定、授業準備、リハーサルから実施まで顧問の先生の助言をもらいながら高校生主体で行っています。

「たとえば、「水の汚染」の授業の時は、子どもに生活排水を持ってきてもらい、それをろ過する実験をやりました。ろ過装置は、砂と活性炭と小石を入れて自分達で作りました。実際に泥水を入れてろ過することで水がきれいになる様子を見て、子どもが楽しく参加しながら環境問題を学べるようにさまざまな授業プランを練っています。」

その他にも、たとえば「SDGs」の授業では、紙芝居を使って自分達でセリフをつけてロールプレイをしながら演じてもらい、身近な問題として実感できるようにしています。

「小学生は反応が素直ですから、面白い授業であれば興味を持って目を輝かせてくれますし、つまらなければそっぽを向いてしまいます。思いがけず鋭い質問が飛んでくることもあります。小学生とのやりとりを通して、私達自身も学ぶことが多いです。」

子ども達に教えることを通してみずから学ぶ、慶應義塾創設者、福沢諭吉の言葉である「半学半教《はんがくはんきょう》」の場になっています。

この出前授業の他にも環境プロジェクトのメンバーはさまざまな活動を行っています。

たとえば「高校生環境連盟」班は高校生環境フォーラムというイベントを開いて、他の高校とともに活動報告をしてワークショップなどを行っています。

★シンポジウム

さまざまないのちの現場で考えること

★パネリスト

加藤寛幸　国境なき医師団(MSF)日本会長、小児科医

川原尚行　認定NPO法人ロシナンテス理事長

小林麻耶　フリーアナウンサー

新羅慎二　ミュージシャン

仁平史織　上智大学総合人間科学部教育学科

★司会

鎌田實　諏訪中央病院名誉院長

寺島尚正　元文化放送アナウンサー

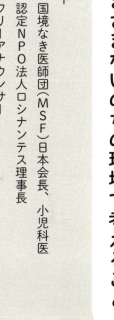

★さまざまな「いのちの現場」

寺島　本日は、「さまざまないのちの現場で考えること」というテーマで、それぞれ命と向き合う活動に携わっているみなさんから、活動に対する思いなどのお話をしていただきたいと思います。

加藤　国境なき医師団の活動に参加して現地に入ると驚かされることが多いです。川原先生にはじめてお会いしたのは2003年のスーダンでした。その時は、私はスーダンの孤児院で活動をしていました。活動した6か月の間に100人くらいの赤ちゃんを看取りました。

鎌田　「看取った」というのは「亡くなった」ということですね？　どういう状況で亡くなったのですか？

加藤　当時、スーダンは内戦状態で社会が混乱し、首都だけでも年間1500人くらい、親が育てられずに捨てられる子がいました。私はそんな子ども達が運ばれてくる孤児院で働いていたのですが、子ども達はそこに着いた段階で、相当状態が悪いことが多かったです。

鎌田　栄養失調などですか？

加藤　脱水症状や感染症もありました。路上に捨てられていた赤ちゃんが多いのです。約1500人の子が捨てられ、そのうち孤児院にたどり着けるのが3分の1の500人ほどです。残りの3分の1は、見つかった時にすでに亡くなっていて、あとの3分の1は運ばれてくる途中で亡くなる……という状態でした。

教科書には命の価値は同じだと書いてありますが、「命の重さ」は同じではないなと思いました。

それから15年経って、いま現場に入っても同じような不公平……どうしてこんなことで命が失われていくのか、ということがたくさんあります。みなさんにとっては知らない人だし、遠い国の出来事ですが、知らない人の命なら軽いのか……ということをいつも考えています。

鎌田　川原先生はスーダンで長く活動をされていますが、いまのスーダンはどのような状況ですか？

川原　国の体制がまだよくありません。医師や教師、ジャーナリストなどが呼びかけ、学生たちが声をあげて全国で反政府デモが起きています。これによって大統領は辞任したのですが、民衆と軍の間でのせめぎあいが続いています。

寺島　小林さんにとっての「いのちの現場」とはどのようなものですか。

小林　私には3歳年下の妹がいます。名前は小林麻央です。乳がんを患《わずら》い、亡くなりました。妹の闘病のなかで、私は命ということに向き合いました。

闘病中、ほんとうに辛くて、ほんとうに悲しくて、でも、そのなかでも勇気をもらえたのは、妹がいつも明るく前向きで、「元気になる」という強い気持ちがあったことでした。太陽のように私たち家族を照らし続けてくれました。そして、病院の先生方が力強く支えてくださったり、看護師のみなさんがいつも優しく接してくださったりしたことで、私たち家族は助けられました。

妹は生きることしか考えていませんでした。そして私たち家族も生きてくれるものだと思っていました。ですが、妹は目の前からいなくなってしまいました。人生いつなにが起こるかほんとうにわからないと思いました。まさかあの日、6月22日に、いくら声をかけても、いくら呼んでも帰ってきてくれないなんて……。

震災があったり、交通事故にあったり、病気になったり……、今このように私は話をすることができていますが、この後、1秒後にどうなるかわからないし、明日、元気に目を覚ますことができないかもしれません。自分の命がずっと続くとは限らないですし、大切な人がずっと目の前にいてくれるとは限りません。確かなのは「今」だけです。

だからこそ、目の前の人を大切に、命のある限り、「今」を大切に生きようと決めました。これは妹が教えてくれたとても大事なことで多くの人と共有できたら光栄です。

鎌田　テレビやSNSでみんなが麻央さんの頑張りを見て、応援をして、命はせつないけれど、次々に人にパワーを与えていくものだと感じました。麻央さんが懸命に生きた生き方を僕たちはバトンタッチされ、一人ひとりが丁寧《ていねい》にしっかり生きていくということはとても大事なことだと思います。

寺島　新羅さんどうでしょうか。

新羅　音楽のなかで「命」はテーマになることがよくあります。どうしたらみんながよく生きていけるのか、自分が親からもらった命を燃焼し続けて全うできるのか……、そういうことを問いかけ続けるのがミュージシャンという職業だという気がしています。

命ある限り、エネルギーは湧いています。そのエネルギーは人に伝わって、その人のエネルギーになっていく。命のエネルギーは誰かを再生することができると感じています。僕がエネルギーを出すと、そのエネルギーをもらって明日も頑張れると言う人がいます。「音楽の力」とよく言われますが、本当は「命の力」なのだと思っています。

元気なやつがいるとこちらも元気が出る、誰かが悲しんでいると自分も悲しくなる、これはエネルギーの連鎖《れんさ》です。高校生というのは一番エネルギーがあふれている時で、自分の中に取り入れる力も強いです。僕は高校生の時に聞いた音楽は一生忘れられません。いまなにに出会うか、いまなにを考えるか、ということはこれからの人生のエネルギーになると思います。そしてそのエネルギーを誰かがまた受け取る。だから高校生のみなさんには情熱とかやる気というものを大事にしてほしいなと思います。

仁平　私は大学2年生の時に、フィリピンのスラムで食事の配給をするボランティアをやりました。そこに行く前は、スラムと聞いただけで、住民は気力がなく、幸せではないんだろうなと思っていました。でも、実際に行ってみると、みなさん元気でした。家があることや食べ物があることだけでも幸せだと考えている人がたくさんいました。

私はふつうに学校に行けて、住む家があって、食べる物にも困らない生活を送っていて、それでも物足りないと思っていましたが、フィリピンに行ったことで、いまの自分がどれだけ幸せなのかということを感じることができました。先進国にいる私たちがなにか支援をしなければいけないということも感じました。

鎌田　私はチェルノブイリの放射能汚染地域の支援を約30年間続けてきました。また、「日本イラク医療支援ネットワーク」というNPOを設立してイラクの難民キャンプの支援や白血病の子ども達の支援も続けています。ある時、支援をしていた

15歳の少女が目のがんになって亡くなりました。その時に言葉を遺《のこ》してくれました。

「私はもう死にます。でも、私は幸せでした。10歳で目のがんが見つかりましたが、日本人のおかげで、きちんとした治療を受けることができました。一番うれしかったことは、学校の先生に出会ったことです。」

私達はお金を集めて、バスラの小児病院に学校の先生を雇いました。院内学級です。

「私の家は貧乏で学校に行けませんでした。小児がんになってはじめて学校の先生に出会いました。勉強することがどんなに素敵なことなのかわかりました。勉強が私を救ってくれました。私は絵を描くことが好きになりました。そして私が描いた絵が日本に運ばれて、チョコレート缶にプリントされました。」

私達は「チョコ募金」というものをやっています。日本でチョコレートを売って、その利益が子ども達の治療費になります。彼女の描いた絵がチョコレート缶にプリントされて、それを日本人が買ってくれる。そのことを彼女はよく知っているのです。

「私はもう死んでしまうけれど、これからも日本から薬が届いて私と同世代の子ども達が助かるようになるから、私はうれしいです。ありがとう。さようなら。」15歳の子が、「自分は死ぬけれども友達が助かるからうれしいです」と言えるのはすごいなと思いました。

寺島　高校生のみなさんと同じ年齢の人達がいろいろな世界で生きている。勉強がいやだなと思うこともあるかもしれませんけど、勉強というのがとても貴重な体験になるということもあるのですね。

鎌田　学校は奇跡を起こす基地です。勉強はとても大事です。

高校生からの質問

寺島　高校生のみなさんからパネリストの方々に質問はありますか？

S高校Sさん　加藤先生に質問です。なぜ国境なき医師団に入ろうと思ったのですか？　とても大きな決断だったと思いますが、そのきっかけや理由を教えてください。

加藤　私が大学を卒業する時に国境なき医師団日本ができました。たまたまそのPR映像を見て、「ああ、これだ！」と思いました。小児科医になることはすでに決めていましたが、それまでは、自分の将来の小児科医のイメージが持てませんでした。国境なき医師団のPR映像には、栄養失調の赤ちゃんに国境なき医師団のスタッフが寄り添っている場面が映っていました。それを見た時、そこにいるのが自分でもいいんだ。自分にもできるんだ、と感じました。

K高校Aさんとーさん　川原先生、ロシナンテスの名前の由来はなんですか？

川原　私はもともと外務省の医務官でした。でも、もっと自由な立場で医療活動に携わりたいと思って外務省を辞めました。肩書がないと、何かをやろうとしても怪しまれることが多くて、肩書がないと人間なんてちっぽけなものだと思いました。ロシナンテは「ドン・キホーテ」に出てくるロバのような痩《や》せ馬の名前です。立派な肩書はなくても自分の信じた道を歩いていけば何かできるかなと思っています。そんな自分の行動をドン・キホーテに見立てて、組織の名称を「ロシナンテス」にしました。みなさんも一人ひとりはロシナンテです。だから手をつないで、みんなでいつか大きなことができればと思っています。

S高校Nさん　小林さんは、献血推進プロジェクトに参加されていて何か感じたことはありますか？

小林　私は2010年から日本赤十字社の献血推進プロジェクトに参加していました。そこで感じたのは、人間を救うのは人間だということです。医療は進歩していますが、血液は人工的には作れません。つまり輸血用の血液を作り出せるのは人間だけなのです。それをまざまざと感じました。

いま10代、20代の献血数が減少しています。高齢化社会にあって若者の力は大切です。献血は16歳からできます。そういう意味では高校生のみなさんはもう人を救う力が備わっているんです。なかには献血できない方もいますが、そういう方は献血の大切さを「伝える」側になっていただくのはいかがでしょうか。

献血した血液を入れる血液バッグには、「この血液は誰からいただいたものか」など書かれていませんから誰のものかわかりません。名前のないボランティアです。でも、確実に人を救うボランティアだと言えます。

献血された血液がもっとも多く使われているのはがんの治療です。日本では2人に1人ががんになるといわれる時代です。その治療に必要とされています。

妹は闘病中、輸血によって命をつないでもらいました。真っ青だった顔色が、輸血によってピンク色になっていくんです。話すこともできなかったのが、徐々に話せるようになって、最後はにこにこして冗談までいえるようになりました。もし輸血がなかったら、私は妹とその時間を過ごすことができませんでした。この貴重な時間をプレゼントしてくれたのが献血です。献血してくださった方に心から感謝しています。献血は身近なボランティアで、40分で人を救える力があります。ぜひ、若い世代の皆さんにも献血のことを知っていただきたいと思っています。

鎌田　イラクの白血病の子どもを治療をしていると輸血が必要になることがあります。外国でも、国内でも血液を通して命を助けることができるんですよね。自分はなんの役にも立てないんだ、と自己肯定の気持ちが薄くなった時、献血に行くと、自分にも人を助けるパワーがあるんだと気づくかもしれませんね。

K高校Yさん　新羅さんへ。一番印象に残っているボランティアはなんですか？

新羅　テレビのNNNドキュメントで難病支援の番組を観たことがありました。難病をもつ5歳の子どもを紹介した番組で、それを観てその子を支援したいと思いました。

その難病というのはムコ多糖症候群という希少な病気です。ムコ多糖という糖分がなく、関節が動かないので、体が大きくならず、骨格が固まってしまう病気です。日本では患者が少ないので、製薬会社も薬を開発してくれない。アメリカは日本よりも患者が多いので、薬も開発されている。アメリカは格差社会ですが、意外に弱者に対するサポートも手厚い。アメリカでは安価にその薬を手に入れられる。でも、日本では薬の治療を受けられない……、そういう番組でした。

それを観てその子を支援している団体に連絡をしました。その子にコンサートのリハーサルに来てもらったり、コンサートでその子の支援を訴えかけたりしていました。そのうちにお客さんが勝手に新薬開発を求める署名活動をはじめてくれて。新薬承認の期間が短縮されて、その子の命が救われました。みんなに救われた命です。みんなの力が社会を変えるということを目の当たりにしました。ボランティアの一人ひとりの力が連動して、世の中を変えるきっかけになるなと思いました。

O高校Cさん　仁平さんがやっている写真洗浄のボランティアはどんなことをするのですか

仁平　災害で汚れてしまった写真をきれいにするという活動です。西日本豪雨で大きな被害が出た岡山県の真備《まび》町に行って、写真洗浄のボランティアをやりました。土砂に埋もれた写真は、インクが溶けてにじんでいたり、ドロドロで形もわからなくなってしまう写真が多くあります。それをきれいにする活動を行いました。

現地で洗浄作業をしているうちに、これは、東京にいてもできるなと思い付きました。そこでいまは岡山から東京に写真を送ってもらって、大学のなかで洗浄して送り返すという活動を行っています。まだはじめたばかりですが、それでも20〜30人の学生が参加しています。写真は思い出があるものなので、それをお返しできるように一枚一枚ていねいに扱っています。

H高校Fさん　鎌田先生、被災地の支援を行ううえでもっとも重要なことは何ですか？

鎌田　人によって違いますが、鎌田流は、相手の身になるということを心がけています。自分が被災者だったら……。東日本大震災の時に被災地を回りました。震災から3週間たった時、自分だったら、3週間たったころ、何をしてもらいたいかな、ということを考えました。

自分だったらお風呂に入りたいと思うなと考え、石巻市《いしのまき》の学校の校庭を借りて、千人風呂プロジェクトというのをはじめました。延べ5万4000人にお風呂に入ってもらいました。東京から塾の先生に来てもらって、子ども達はお風呂に入った後、遅れた勉強をその塾の先生に見てもらったりもしました。

さだまさしさんが、昨年から風に立つライオン基金の活動で「ライオンカフェ」という活動をはじめました。カフェでお茶を飲んで情報交換して、人々が次になにをしてもらいたいかがわかるということです。相手がなにをしてもらいたいかな、というところからスタートすると、外れは少ないように思います。

T高校Tさん　加藤先生、世界で避難生活を続ける人に高校生ができるボランティアはありますか？

加藤　いま、世界で避難をしている人の数は、第二次大戦以降もっとも多くなっていて、6500万人を超える人々が避難生活をしています。テレビのニュースで、メキシコとアメリカの国境に壁を作るという動きがあることを見たことがあると思います。また、アフリカからヨーロッパへ避難しようとして地中海を小さな船で越えようとして転覆しておぼれて亡くなる人がたくさんいます。私達はその人達を救う活動をしているのですが、「不法に国境を越える人を助ける活動」とされてその活動は妨害されることがあります。

これだけたくさんの人が苦しい生活を強いられているなか、どうしてこのようなニュースが日本ではあまり取り上げられないのでしょうか。知らなければ、なにもできません。

おそらく、ニュースを作っている人達があまり関心をもっていないのだと思います。あるいは見る人達は関心をもたないだろうと思ってニュースにしないのかもしれません。

テレビでニュースにならなくても、いろいろな方法を使えば世界で起きていることとを知ることができます。自分でニュースを探して、世界でどんなことが起きているのかを知ってほしいと思います。そして、ひとつのニュースだけを見るのではなく、いろいろな角度から、いろいろな人達が報じているのを見てほしいです。ひとつの出来事をいろんな角度から見て、どれが正しいか、自分で判断してほしいと思います。それが次の一歩につながると思います。

自分から知る、自分から情報を得る、さまざまな角度から見て自分で判断する、そういうことが大事だと思います。

M高校Kさん　高校生が支援をするうえで心がけることは何ですか？

川原　加藤先生のお話と同じですが、いまの状況、真実を知ってほしいと思います。アフリカでよく使われているSNSにWhatsAppがあります。アフリカと日本の若者達がこのようなSNSでつながることができないかなと思っています。言葉の壁はあってもGoogle翻訳でだいたいわかります。これで現地の若者達がなにを考えているか、直接聞くことができます。

鎌田　私のところにも中東の白血病の子ども達の様子が中東で一番使われている

Viberという無料アプリで送られてきます。つながることができると、言葉の壁をこえながら活動ができるようになりますね。

K高等部Mさん　私は人前で話すのが苦手なのですが、どのようにすれば、人前で話すことが怖くなくなりますか？

小林　プレゼンテーションは「練習あるのみ」です。練習をすればするほどうまくなると思います。恥ずかしいかもしれませんが、自分で話したものを動画で撮るといいです。こんな表情でしゃべっているの？　こんなに手を動かしながら話しているの？　とか、信じられないくらい「見たくない動画」が見られます。動画で自分を客観視することによって、これでは相手に伝わらないな、ということがわかります。まず家で練習して、その次に友達の前でやって、最後に、一番苦手な、見られるのが恥ずかしい人を相手にしてやるといいです。それを乗り越えると、自信に繋がります。これから入試の面接や就職試験などがあると思います。その場面場面で、誰に伝えるのか、ということを考えて話をすると、話すスピードや声のトーンが変わってきます。そうすると、人前で話すことも、楽しくなりますよ。

K高等部Mさん　人と会話のキャッチボールをするコツはありますか？

小林　人と話をする時、相手の話を聞きながらずっと静かに黙っていると、いざ声を出そうとすると、出しづらいことがあると思います。相手の話を聞きながら、「なるほど」「はい」など、小さな声でいいので声に出して相槌《あいづち》をうつ。そうしていると自分の番になった時に話しやすくなります。そして、人と会話する時に最も大事なのが相手の話を「聞く」ことです。自分が何を話そうということばかり考えていると集中できなくなって相手の話がわからなくなるので、自分が話そうと意識するのではなく、相手の話に耳を傾ける。そして、気になったことを質問するようにしていくと会話が自然にできるようになると思います。

H高校Yさん　新羅さんにとって音楽を届ける意味は何ですか？

新羅　僕はボランティアをしているという気持ちはあまり無いんです。東日本大震災の時に被災地に行って、ミュージシャンとして何をするべきか、歌う意味をすごく考えました。それはボランティアをしたいと思って行っているわけではなくて、そこにある悲しみを勉強しにいくという気持ちです。その悲しみをもらってまた歌を作る。悲しみをもらって作った歌で、ほかの誰かが救われる。そのことを被災地の人達に伝えると、なにか救われたような表情をしてくれます。「この悲しみが誰かのためになったんですね」と言われた時に、うれしくなりました。そんな「悲しみの循環」が喜びに変わる時があります。自分はそれを歌を通してやっているつもりです。自分が悲しみをもらいに行き、それで誰かが救われるのならよいなと思っています。

M高校Sさん　仁平さん、大学生ならではのボランティア活動はありますか？　高校生はまだ小規模な活動しかできません。高校生よりも活動範囲が広い大学生がどのような活動をしているか知りたいです。

仁平　大学生は自由な時間がたくさんあります。自分が気になった課題、たとえば、日本だったら子どもの貧困の問題、海外なら貧困問題とか、そういう問題にアプローチをしているNGO団体というのがいろいろあるので、それを自分で調べてその活動に参加したり、一人で海外に行ってボランティアをしたり、広範囲に活動できると思います。

私は、大学1年生の時に、フィリピンのセブ島でボランティア活動を行いました。きっかけは、東南アジアについての講義を受講し、東南アジアにおいても深刻な貧困問題があることを学んだことからです。実際どのような貧困状態なのか知りたくなり、行ってみると多くの子ども達が学校に通えていない現状がありました。その経験から、いまの大学で教育学を専攻し、教育開発について学んでいます。現在は、フィリピンにおけるノンフォーマル教育について研究しています。

鎌田　高校生ボランティア・アワードを続けてきて、みんなが一つの家族のようになってきたなと思います。もし国内で災害が起きた時に、家族みたいな仲間が立ち上がってくれる。近くにいる高校生が「ライオンカフェ」を立ち上げてくれれば、風に立つライオン基金が力になります。ライオンカフェはそういう時の活動の拠点になります。お金が必要なら、さだまさしさんがお金を集めてくれます(笑)。

さだ　いい話が続いていたのに、最後にお金の話になるんですね(笑)。

鎌田　災害が起きた時には、まず初めにここにいるお医者さんのような優れた専門家が入ります。そして被災者が疲れた時には、ミュージシャンの新羅さんのように心を支えてくれる人達がいてくれる。そしてここに集まっているように実働してくれる高校生がたくさんいる。あとはやはり、さださんがお金をいくら集めてくれるかですよ。

さだ　高校生ボランティア・アワードをサポートしてくれるスポンサー企業も最初のころに比べると、ずいぶんたくさん増えました。

僕がなぜこのような活動をやっているかということをお話しします。高校生のみなさん、本当に一生懸命活動をやっているけれども、地方に帰ると孤独になることが多いんです。こんな活動がほんとに誰かの役に立つのかなとか、そういう悩みをみんな持っています。

でもこうして集まると、同じ志を持った高校生達がこんなにたくさんいるっていう勇気が湧いてきます。だからここに来ている高校生がつながっていくといいなと思います。連絡網で、互いに自分は何ができる、こういうことをやってみようか、と思ってくれる。みんながひとつの糸をつなげてくれる。そんな人達が高校は卒業するけれど、大学に行って時間があったらこの風に立つライオン基金の手伝いをしてくれるとか、そういうことを考えてくれるとうれしいです。

なにか起きた時には、風に立つライオン基金を忘れないようにしてください。まず自分が立ち上がる。その時に「ライオン」がある、それを使うといろんな人が応援してくれるということを忘れないでほしいと思います。

もちろん、ぼくたちは万能ではありません。ぜひみなさんの力を借りて、これからも動くことができたらと思いますし、みなさんがいっしょに頑張ってくれるとうれしいです。

鎌田　熱い気持ちになりました。ここにいるような力強い若者がいることで、まだ日本は大きく飛躍できると思います。若者達といっしょになって豊かな社会づくりをしていければよいなと思いました。

日本女子大学附属高等学校

人形劇を通してのボランティア

人形劇団ペロッコ

「ペロッコ」は脚本、人形、大道具、小道具、音響、照明、すべて手作りが自慢の人形劇団です。障害者施設や高齢者施設、保育園など、地域のさまざまな施設で公演をしています。

「人形劇を披露《ひろう》した後は、たとえば人形の頭をなでたり、握手をして実際に人形に触れてもらっています。人形を通して交流することで距離の近い触れ合いが生まれるんです。」

手作りの人形は、以前は口が開かなかったのですが、最近は新規に製作するものは口が開閉する構造にしています。ちょっとした工夫で人形の表情が生き生きとするそうです。

「保育園では、子ども達は人形を見て「かわいい」と歓声をあげてくれますし、高齢者施設では「癒されたよ」と言っていただけます。セリフのひとつひとつに反応してくださるので、一体感を持つことができて楽しいです。」

昨年は、新たな挑戦として、手話を交えた演目で、「高校生手話パフォーマンス甲子園」

全国大会に出場しました。手話ははじめてという部員が大半で、当初は苦戦したそうです。それでも本番では「人形劇の手話通訳」を発表しました。

この経験を生かして、今後は人形の演技にも手話の動作を取り入れてみたいと考えています。

富山国際大学付属高等学校

ソーシャルイノベーションに基づいた臓器提供意思表示率向上の研究活動

メディア・テクノロジー部

富山国際大学付属高校の展示ブースの前に等身大の人体骨格模型が置かれていました。人体模型の臓器の位置に端末をかざすと次々とデータがAR(拡張現実)で表示されます。腎臓、肝臓、心臓、膵臓《すいぞう》……、それぞれの臓器の移植に関するデータです。このような、ARを活用した教材があれば、子ども達は興味をもって楽しみながら臓器移植について学ぶことができるに違いありません。

メディア・テクノロジー部は、AI(人工知能)、VR(仮想現実)、ARなどの最新テクノロジーを「社会的な課題」を解決していくために使い、社会をよりよくしていくことを目的としています。メンバーには「人々がもつ「他人を思う力」を広げていきたい」という思いがあり、その一環として取り組んでいるのが、「臓器提供意思表示の啓発活動」です。

日本は移植医療への関心が低く、海外と比較しても臓器提供数が少ないという状況にあります。そこで、メディア・テクノロジー部では5年間にわたって移植医療の問題に取り組み、テクノロジーを活用した啓発活動を行っているのです。

「調査によると、臓器提供のことを知っている人は多いのに、臓器提供意思表示カードをもっている人は少ない、ということがわかりました。もっと多くの人に提供の意思表示をしてもらいたいと思います。」

臓器提供意思表示カードをもつ人が少ないのは、カードが手に入れにくいからなのではないかと考え、まず、臓器提供カードの入手しやすさを調べるために富山県内のコンビニ390店舗にカードが置いてあるかを調査しました。そしてさらに、生徒の自宅から臓器提供カードが置かれているコンビニまでの距離を計算して臓器提供カードへのアクセスについて具体的なデータをとって調査しました。

その結果、生徒の自宅からカードが置いてあるコンビニまでの距離が遠いことがわかりました。たとえその意義を認めていても、物理的な距離があると具体的な行動に結びつきにくくなります。

この問題提起によって、臓器移植の情報を知らせるためのコースターをコンビニ各店に配布することになりました。コースターに付いたQRコードを読み込むと臓器提供について学べるアプリにアクセスできるという仕組みです。

さらに、臓器提供についての報道がどのようになされているのか、またSNSなどでどのような情報が流されているかなどを調査し、正しい情報を伝えていくことの必要性も感じました。

そして子ども達が正しい知識を身につけることを重視し、子ども向けのデジタル教材の開発を行っています。そのひとつが、冒頭に紹介した人体骨格模型です。その他にも世界地図に表示されている各国の国旗をタブレットで読むとその国の臓器提供者数や臓器医療の状況のデータがARで読めるような仕組みになった教材なども作っています。

「ARの技術を使った教材は子ども達に喜ばれます。興味をもって臓器移植について学べるようになります。」

3Dプリンターで製作した小さな臓器模型がカプセルに入れられ、ガチャガチャで取り出せるようになっているものなども作っています。

「臓器提供の意思表示をしてくれた方に配ったり、展示会の参加者に配布したりすることを考えています。」

研究は同志社大学商学部の瓜生原葉子准教授のゼミと合同で行っており、研究成果を同志社大学で発表することもあるそうです。

コンピュータ技術を駆使したメディア・テクノロジー部の活動によって、人々の「他人を思う力」は着実に育まれています。

身延山高等学校

手話コミュニケーション部

ろう者と聴者の架け橋になる

「私達の活動の目的は、「手話の普及」と「聴覚障がい者の理解」を深めることです。」

身延山《みのぶさん》高校手話コミュニケーション部のみなさんにどのような活動をしているのかを質問すると、流暢《りゅうちょう》な手話でこのように説明をしてくれました。滑らかな手の動きから、日頃から手話の練習を十分に積み重ねていることが伝わってきてきました。

手話コミュニケーション部の主な活動は、地域の幼稚園や保育園、小中学校、高等学校での手話教室の開催、ろう学校の生徒との交流、そして東北の復興地でのボランティアなどです。

「幼稚園や保育園、小学校では子ども達に挨拶などの簡単な手話を教えています。NHK「みんなのうた」で人気の『パプリカ』を手話で歌うと、子ども達も興味をもっていっしょにやってくれます。ダンスを習うような感覚で、楽しみながら覚えてくれるといいですね。」

いまでは手話で流暢に会話をすることができる部員達も、もちろん、はじめから手話ができたわけではありません。

「入学した当初は、手話についてほとんど何も知りませんでした。手話コミュニケーション部の活動紹介を見て興味をもちました。英語を学ぶのと同じように、もうひとつの言語を覚えるつもりではじめました。」

「高校1年生の頃、ろう者と接するまでは「表情や言葉で傷つけてしまったら……」と不安がありました。でも、手話で会話をしてみると、そこには何の壁もなく、自然とお互いの手で会話が生まれ、自分の想いが相手に伝わる喜び。相手の考えを理解しようとする心、本気の言葉のキャッチボールをしている光景に、感動しました。」

交流をしている県立ろう学校の生徒からは次のような感想が寄せられています。

「交流会がとても楽しく、あっという間でした。手話が上手で素晴らしいと驚きました。」

聴覚障がいのある方々が身延山高校の文化祭に遊びに来てくれることもあるそうです。

「手話をやることで、耳の聞こえない人達の世界を知ることができます。文化を知ることもできます。」

東北の復興地の訪問にも力を入れています。２０１７年３月に宮城県仙台市・名取市を訪問した時は、「全国高校生手話パフォーマンス甲子園」で披露《ひろう》した手話劇「ろう者の渡辺さんご夫婦との出会いと絆」を披露しました。そうして聴覚障がいの方々と交流したり、震災遺構の荒浜小学校を訪問したりして震災の様子についてお話を聞いてきました。

「東日本大震災の時に亡くなった聴覚障がい者は75人に上ると聞いています。理由のひとつに防災無線の「逃げろ」が聞こえなかったことがあるそうです。もし周囲に手話ができる人がいれば救うことができた命かもしれません。障がい者と近隣の人達とがふだんから交流を深めていれば、災害が起きた時に迅速にサポートできるのではないかと思います。」

障がいがあるために災害の犠牲となることのないように、という思いから、復興地で手話教室に力を注いでいるそうです。

手話コミュニケーション部の活動は２０１７年の高校生ボランティア・アワードで「若旦那賞」を受賞しました。そして19年の高校生ボランティア・アワードの懇親会では新羅慎二（若旦那）さんの歌に合わせてステージ上で「純恋歌」を手話で披露してくれました。会場に集まった全国の高校生が一体となって手話で「純恋歌」を歌う光景は圧巻でした。

「私は、多くの人達に聴覚障がい者の大変さや手話の魅力を広げたいと思います。そして、聴覚障がい者と聴者が、住みやすい社会を築く力になりたいです！」

部長のYさんの言葉が、手話コミュニケーション部みんなの思いを伝えてくれています。

（2017年若旦那賞受賞）

新羅慎二

Shinji NIRA

僕はよく銭湯に行きます。大阪の天満橋の銭湯に行ったときのことです。そこの水風呂は地下水でとても気持ちの良い仕上がりになっていました。当然、僕もその水風呂にバサーッと入りゆっくりしていると、水の説明の横に大きく『「良くなれ！能くなれ！善くなれ！」と心の中で何回も言ってください』と書いてありました。

よく世間ではボランティアをやってる人のことを偽善者だと罵ることもあります。僕もボランティアをやっている人間なので、その「偽善」という言葉の意味を考えたりしました。大阪の銭湯でその意味を理解したような気がしています。

「良い行いをすることを心がける！　そして、より良い行いをするために知恵(能力)を使う。そうすることで初めて善になる。」

知恵を使い良い行いをする。それが本当のボランティアだと思います。

みんなで集まることで、知恵や才能を交換することで、より良い善の行いをし、世間のためになることをしよう！　僕もボランティアの一員として頑張りたいと思います。僕たち歌手は、コンサートを開いて歌を歌っている。これはひとつの職業です。でも、もうひとつの仕事として、悲しみや苦しみを救いにいくという仕事もあります。それはお金にはならない仕事、歌手としての義務だと思っています。

だれもが、日常生活の中で普通に社会貢献をする、それがコミュニティーというものなのかもしれません。ボランティアをやったことがない人は、一度、何かに参加してみるといいと思います。自分の進むべき道を見つけたり、自分というものを誇れたり、友だちができたり、外に出るきっかけになったり……、必ず、何かのきっかけになります。気軽に地域のボランティアに参加してほしいなと思います。

•••••

2003年に湘南乃風の「若旦那」としてデビュー。2011年にはソロ活動をスタートさせ、2018年からは本名の新羅慎二名義で活動。ムコ多糖症候群患者の支援や自然災害被災地の支援を行っている。

静岡県立駿河総合高等学校

フェアトレードとエシカル消費

M―SIPP

静岡県立駿河総合高校M―SIPPは、地域のイベントなどでコーヒーやクッキーの販売をしています。

なぜ、高校生がコーヒーの販売をするのでしょう？

きっかけは、ペルーのフェアトレードのコーヒー豆についてのテレビ番組でした。番組を観てフェアトレードの意義を知り、それを広めたいと考えたのです。そして自分達で説明資料を作り、静岡市内のカフェでフェアトレードのコーヒー豆を仕入れてもらうように呼び掛けました。

フェアトレードとは、「発展途上国で作られた原料や商品を適正な価格で取引し、生産者の生活向上につなげる貿易の仕組み」です。ものを買う側にとっては商品の価格は安いほうがよいかもしれません。けれども過剰なまでに安価にすることは、商品を作る側に大きな負担を強いることにつながります。商品を作る側も買う側もどちらにとっても公正であるような仕組みはないか……、フェアトレードは、そのような身近な買い物で世界の問題とともに地域の問題を解決しながら、途上国の弱い立場の人々の仕事を生み出し、環境破壊から地球全体を守ることを目指すものです。

M－S－PPは、フェアトレードに関わる商品の選定、委託生産、販売ルートの開拓に取り組み、現在は、ペルー産のコーヒーの委託生産から販売までをつなげる活動を行っています。

このフェアトレードを支えるためには、商品を買う消費者にも社会貢献の意識が求められます。この、消費を通じて社会をよりよくしていこうという消費行動を「エシカル消費」と言います。「エシカル」とは直訳すると「倫理的な」という意味です。

M－S－PPの活動は、ただ単にコーヒー豆を売ることではありません。フェアトレードやエシカル消費の考え方を社会のなかに広めていくことを通じて、世界を変え、公正な社会をつくっていくことを目指しているのです。

M－S－PPとは、「「M・未来の」、「S・静岡を」、「I・アイディアで」、「P・プロデュースする」、「P・プロジェクト」」のこと。みんなでアイディアを出し合いながら静岡の未来をつくっていこうというプロジェクトです。

フェアトレードコーヒーのプロジェクトの他に、モンゴルの羊毛を使ったアクセサリー作り、不用品をリサイクルする際に新たなデザインして付加価値をつける「アップサイクル」の商品開発、バナナの繊維《せんい》を原料にしたバナナペーパーづくり、子ども達への普及・啓発のための教材「エシカルすごろく」の開発・配布など、プロジェクトは幅広く行われています。

貧困問題や環境問題など、さまざまな社会問題を解決していくためには社会の仕組みを変えていくことが必要です。そのためには社会貢献の意識をもちながらプロジェクトを推進する「ソーシャルアントレプレナー」が求められています。

MーSIPPのメンバーはそんな未来のアントレプレナー達です。

（2019年国境なき医師団賞受賞）

Cafe Orquidea

中部大学春日丘高等学校

目の前の人を笑顔にする

インターアクトクラブ

中部大学春日丘《はるひがおか》高校インターアクトクラブは、地域の高齢者施設、障害者施設、児童施設などの訪問や、地域のイベントの運営のお手伝いなど年間250件程度の活動を行うボランティアクラブです。

さまざまな活動のなかでも特に、「いっぱいのありがとうカンパニー」「はるひチャレンジプロジェクト」「Mプロジェクト」に力を入れています。

「いっぱいのありがとうカンパニー」は高齢者施設や障害者施設の利用者への活動です。

「いっぱいのありがとう」とはどういう意味でしょう。

「施設の利用者の方々は、施設のスタッフやボランティアに「ありがとう」と言うことが多いのに、逆に、誰かから「ありがとう」と言われる機会はあまり多くありません。利用者さんが「ありがとう」と言われる機会をつくりたいと思ってこの活動をはじめました。」

利用者の方々にメモ帳などの「商品」を作ってもらい、それを中部大学春日丘高校インターアクトクラブを通して販売し、その利益を「ありがとう」という感謝と共に利用者に渡すという仕組みです。

商品の品質を高めるために印刷会社と連携し、他の企業の協力を得て企業のノベルティとして活用してもらっています。

「はるひチャレンジプロジェクト」は障害者施設での療育《りょういく》活動を伴ったレクリエーション企画です。利用者がレクリエーションを通して、日常生活の動作が向上することや、集団の中でのルールを学んだりすることを目指しています。手遊びやゲームを交えて楽しみながら参加できるような工夫をしています。

「Mプロジェクト」は放課後デイサービスの利用者で、対人関係がうまくいかずに孤立している小学生達への支援活動です。子ども達の自宅を訪問していっしょに遊びながら、人とのコミュニケーションが取れるようにサポートをしています。

「どの活動も、やればやるほど課題が見つかり、改善するべきことはたくさんありますが、目の前の人の笑顔のために、という活動理念のもと、継続的な活動を行っています。」

インターアクトクラブの特徴は、とにかく明るいことです。

　高校生ボランティア・アワードのブースはいつも笑顔があふれ、明るい笑い声が絶えませんでした。

　高校生達のこの明るさが地域の人々を笑顔にしています。

（２０１９年テツ　ａｎｄ　トモ賞受賞）

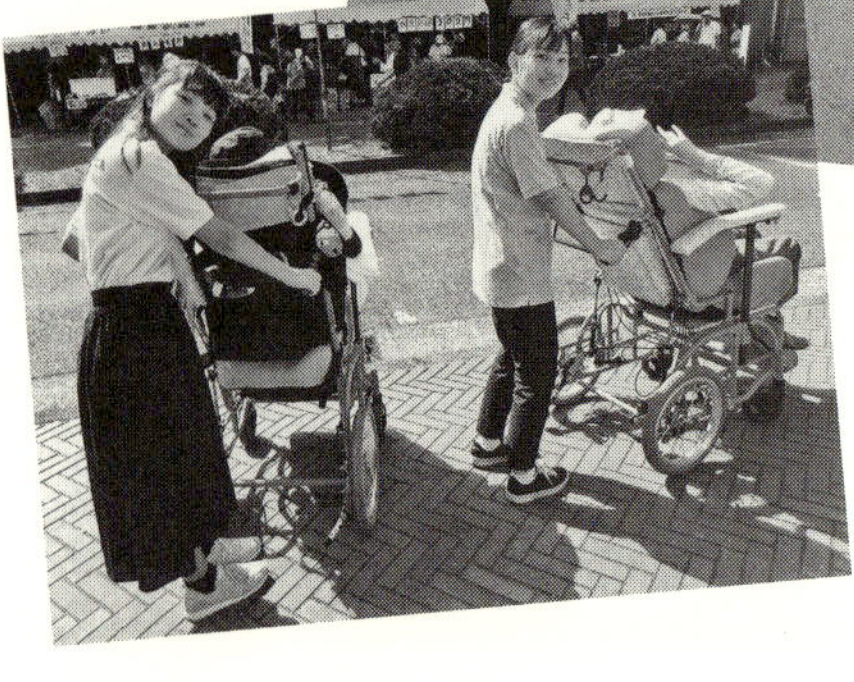

寺島尚正
（元文化放送アナウンサー）

Naomasa TERASHIMA

アナウンサーという職に就《つ》き、様々な方の話を聞かせていただいた38年。

放送を通じて「人は支え合うもの」だと強く感じています。時には「力」、時には「心」で支え、何かから「防ぎ」、何かを「保つ」のも支えです。多くの支えは、目立たない。今年も、あなたの「支え」を一層輝かせる舞台が用意されました。

他方、私たちがここで集えることは、誰かの支えがあったからです。家族の、先生の、そして周囲の様々な支えです。その支えを無意識にでも有難いと感じたからこそ、今度はあなたが誰かの力になろうと活動している。そのひた向きさそのものが、誰かに元気を与え、世の中を明るくしているのです。「支え」は連鎖《れんさ》していく。今回どんな刺激を頂けるか、あなたの素晴らしい能力を、これからも「支え」に使い続けてください。ずっと応援しています。

セントヨゼフ女子学園高等学校　学園会

ウォーカソン

ウォーカソンとはウォーキングとマラソンを合わせた造語で、世界中の子ども達の教育支援を目的とした募金活動のひとつです。

セントヨゼフ女子学園ではウォーカソンを全校生徒で取り組むことができるボランティア活動と位置付けて行っています。2019年で34回目となります。

参加者は約10㎞のコースを歩きます。ユニークなのは、事前に自分達でスポンサーを探し、歩く距離に応じた募金額を決めておくことです。そして、歩いた後で、スポンサーの方から、約束しておいた金額を募金していただくのです。

スポンサーは生徒の保護者や地域の方々などで、生徒一人ひとりがスポンサーにこの活動の意義や支援先の状況について説明することを通して、参加者のみならず、より多くの方々にウォーカソンを理解してもらうことができるそうです。

生徒のひとりがウォーカソンについて説明してくれました。

「支援先のひとつであるシエラレオネの子ども達は、学校に通うのに毎日往復10㎞を超える道のりを歩いていくそうです。その思いに少しでも共感できるように、私達も10㎞を歩きます。毎日、これほど遠い道のりを歩いて学校に通うことなど日本では考えられませんが、ウォーカソンを通して、途上国の子ども達の状況を実感することができます。」

シエラレオネは長く続いた内戦による影響もあり、世界で最も平均寿命が短い国のひとつです。セントヨゼフ女子学園は現地のカトリック教会にいる日本人シスターを通じて2004年から寄付をしていて、お金は子ども達の学習支援に使われています。シスターが帰国の際は来校されたり、現地から映像を学校に送ってくれるので、生徒は日本に居ながらにして現地の様子がよくわかるそうです。

「支援先は女子校です。自分達と同じ年ごろの女の子達が幼い子どもの子守りで学校に行けなくなることがないようにしたいです。寄付金を活用して、生徒が自立のためのさまざまな資格をとるための訓練も行われています。さらに、他にも7年前から新たな支援先としてフィリピンにも支援をはじめました。高校2年生が毎年フィリピンを訪問して、直接寄付金を手渡しています。」

前年度の支援先はフィリピンとシエラレオネの学校、そして東日本大震災の被災地でした。フィリピンでは、支援先の学校の修繕費用、文房具や制服の支給に役立てられています。東日本大震災の被災地には夏休みに生徒が訪問して、被災の体験を聞いたり、保育園訪問をしたり、町のイベントのお手伝いをして交流を深めました。

さらに昨年は新しい支援先が2か所増えました。そのひとつは「国境なき医師団」です。2017年の高校生ボランティア・アワードで、ウォーカソンの活動は「国境なき医師団賞」を受賞しました。それがきっかけとなって国境なき医師団日本会長の加藤寛幸氏を講演会にお招きし、加藤先生はウォーカソンにゲスト参加して生徒といっしょに10㎞の道のりを歩いたそうです。そのような縁があり、国境なき医師団が支援先に加わりました。さらにもうひとつ、ケニアで障がいのある子ども達の教育支援をしている「シロアムの園(代表 公文和子氏)」も支援先に加えられました。

「セントヨゼフ女子学園は中高一貫校なので、生徒は中学1年から高校3年まで、ウォーカソンには6回参加します。雨の時などは大変です。でも歩くことを通して生徒の視野が世界に広げられているようです。10㎞の道のりは、決して楽に歩ける距離ではありませんが、苦労しながら歩いた一歩一歩が世界中の人々を支える力になっていることを生徒一人ひとりが実感しています。」

　堀川佳澄教諭がそう説明してくれました。

（2017年国境なき医師団賞、2019年カーコンビニ倶楽部賞受賞）

大阪府立堺工科高等学校　定時制の課程

ボランティア活動部

「包丁」と「線香」による復興支援プロジェクト

大阪府立工科高等学校定時制の課程には「堺学《さかいがく》」という授業があります。地元・堺の伝統的な地場《じば》産業について学ぶ授業で、国から伝統工芸品に指定されている「堺打ち刃物」作りや、堺の伝統産業である「お線香《せんこう》」作りを行っています。

堺打ち刃物作りは「鍛冶《かじ》、研《と》ぎ、銘切り、柄付け」などの工程があり、授業ではこのすべての工程を学びます。一方、線香作りは「製粉・調合、こね、玉揚《あ》げ、盆切り、胴切り、乾燥、板よせ、結束、包装」などの工程があります。

2011年3月に発生した東日本大震災後、ボランティア活動部と「堺学」の受講生達は「東北支援プロジェクト」を立ち上げ、被災地を訪問しました。そして、この「堺学」の授業で作った「包丁」と「線香」を被災地の方々に手渡す活動をしているのです。津波で流されるなどしたため、新しい包丁が求められていました。

２０１１年に岩手県遠野市の小中学校へ１０２丁、２０１２年に岩手県釜石市の小中学校へ１０２丁、そして２０１３年には陸前高田市へ30丁……、というように毎年、包丁を被災地の方々へ寄贈しています。

そして刃物のアフターケアも行っています。直接被災地を訪れ、寄贈した刃物はもちろん、仮設住宅や災害公営住宅に住む方々から津波等の被害で切れ味がわるくなった刃物を預かって「研ぎ直し」を行っているのです。

一方、線香は、岩手県陸前高田市の市花の「つばき」の香りの線香や宮城県気仙沼《けせんぬま》市の市花の「つつじ」の香りの線香を作っています。

また、岩手県釜石市の市木が線香の原料である「タブの木」であることから、釜石市のタブの木を使った線香を作りました。釜石市で行われた犠牲者追悼《ついとう》式の参列者全員にこのお線香を手渡して喜ばれました。

さらに、津波の被害を受けた宮城県農業高校を訪問したことをきっかけに両校の交流がはじまりました。

宮城県農業高校は桜の植樹を行っています。その桜の花を送ってもらい、その桜の花びらを練り込んだ「コラボ線香」が作られました。

　包丁と線香……堺の伝統的な産業を通して、高校生達と被災地の人々の思いが、深く結びついています。

（2019年鎌田實賞受賞）

加藤寛幸
（国境なき医師団（MSF）日本会長 小児科医）

Hiroyuki KATO

皆さんは、今、世界で避難生活をする人の数が増え続け、最多記録を更新し続けていること、ご存じですか。さらには、安全を求めて地中海を越えようとしながら溺れてしまった人々を助けようという私たちの海難救助活動を、ヨーロッパの一部の政府が妨害していることを知っていますか。さらには、命からがら国を逃げ出した人々が、行った先の国で犯罪者のように扱われていることを知っていますか。

残念ながら、今、世界はとても不安定な時代を迎えています。世界が過去と同じような過ちを再び犯さないためには、皆さんの力が必要です。

「人の価値はその人が持っているもので決まるのではなく、その人が与えてきたものによって決まる」ということを知っている皆さんが力を合わせれば、世界を変えることができると信じます。

大阪府立枚岡樟風高等学校　地域貢献部

出動！　瓢箪山戦隊ショウフウジャー

ショウフウジャーとは東大阪の瓢箪山《ひょうたんやま》を守るために結成された地域密着型ヒーローである！

ショウフウジャーは保育園・福祉施設や地域のイベントなどに現れるゴルベーダー率いる悪の軍団から地域の平和を守っているのだ！

そして正体は枚岡《ひらおか》樟風《しょうふう》高校の生徒として勉強しているのだ！

悪の軍団との戦いを通じて子ども達に歯磨きやお片づけの大切さ、時には地域の歴史・情報を伝えているのである！　いまでは地域の人からも「樟風高校」と言えば「ショウフウジャー」と言われるくらい人気者なんだぜ！

ショウフウジャーは、学校の文化祭でヒーローショーを観た地域の商店街の人から「商店街でやってみないか！」と声をかけられたことがきっかけで地域に出動するようになりました。赤、青、黄色、緑……鮮やかな色彩と軽快な動きで人気を博すショウフウジャーは、地元の多くの人々に愛されるヒーローです。

もともとは枚岡樟風高校の生徒有志で集まった団体が地域貢献部という部活となって活動をしています。

地域の方から口コミで学校に依頼が寄せられ、保育施設や幼稚園などを訪問していままでに200件以上のヒーローショーを行っているそうです。

「ショウフウジャーの衣装は自分達で作ります。アクションもすべて自分達で考えます。ショーの内容も、たとえば子ども向けのものは、「ごみの片づけは自分でやろうね！」というように、小さな子ども達に向けて教育的な要素を盛り込んでいます。」

ヒーローショーのほかにも、いっしょに楽しめるバルーンアートや折り紙を行っています。ショウフウジャーとともに地域の福祉施設や保育施設、幼稚園などを訪問し、夏には地域の夏祭りなどにも参加しています。

高校生ボランティア・アワードの展示ブースは色とりどりのバルーンアート作品が飾りつ

けられていました。

そこでは地域貢献部の生徒達が器用に細長い風船をねじって次々とアート作品を作っていきます。

ライオンやキリン、犬やウサギ、花、剣、リボンなど種類はさまざま、なかにはアンパンマンやミニオンなどのキャラクターもあります。

「いろいろ試しながら自分達で新しいオリジナル作品を考えるのが楽しいんです。作品のクオリティーも高いと思いませんか？　子ども達が喜んでくれてみんなが笑顔になるので、とてもやりがいがある活動です。」

メンバーのひとりが、活動の楽しさをそのように教えてくれました。

ブースを訪れた人達のリクエストに応えてさまざまなバルーン作品を作る。作品を作る高校生も、作品をリクエストした見学者も、みんな素敵な笑顔になっていました。

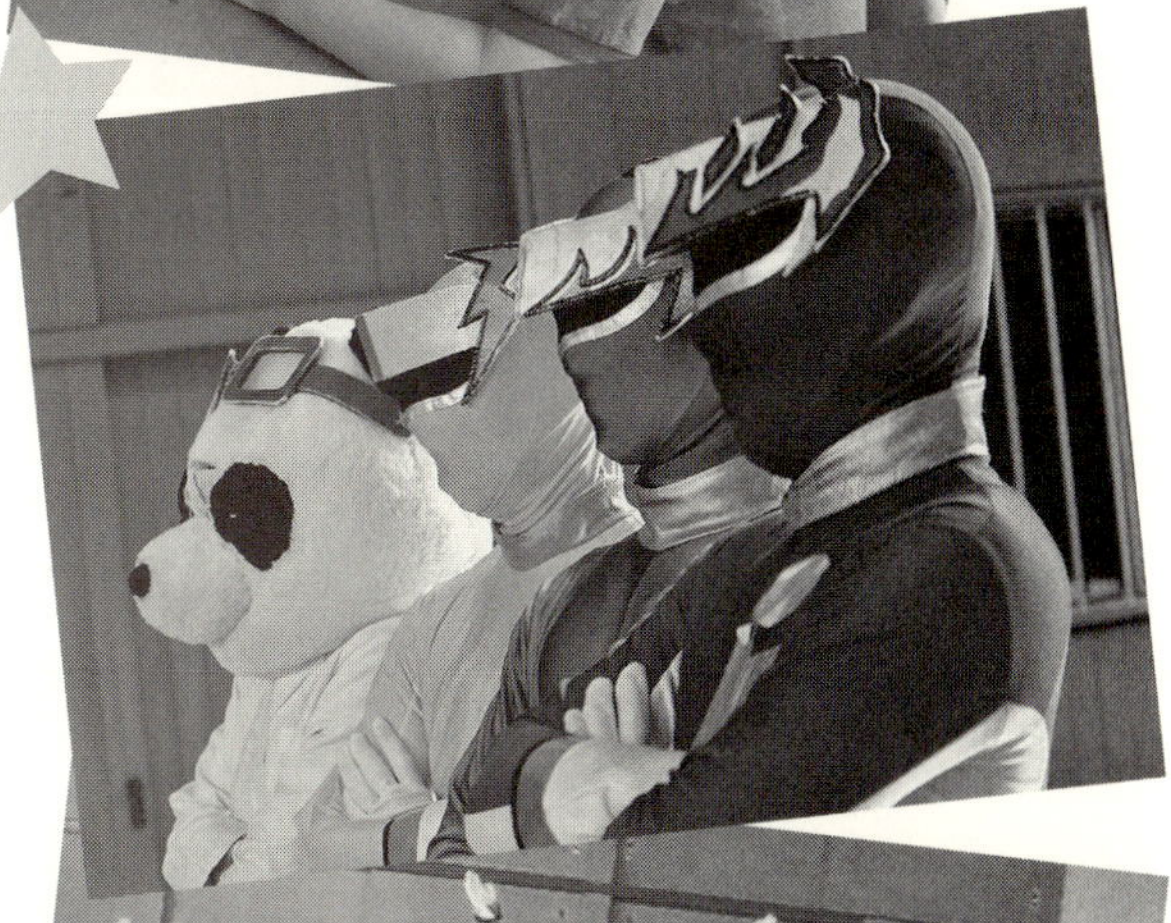

神戸市立科学技術高等学校

空飛ぶ車いす研究会

バトンは車いす――ボランティアの国際リレー

神戸市立科学技術高校空飛ぶ車いす研究会の活動は、工業高校ならではの技術を生かしたボランティアです。

「国内の病院や施設、個人などから、使われなくなった車いすを提供していただいています。それをきれいに洗浄して、僕たち工業高校生の技術を生かして分解、整備し、安全に使える状態にして海外に寄贈しています。送り先は東南アジアの国々が多いです。」

空飛ぶ車いすの活動は、日本社会福祉弘済会の支援のもとで行われていて、提供ボランティア、輸送ボランティア、現地ボランティアなどさまざまな人々が関わっています。空飛ぶ車いす研究会は、そのなかの「修理ボランティア」を担っています。

寄贈者から提供される車いすは、必ずしも状態が良いものばかりとは限りません。これから使う人が安心して安全に使えるように修理したりタイヤの交換をして整備をします。

修理をする際、時には必要な部品が無いこともあります。そんな時こそ工業高校生の腕の見せ所。

「学校の機械を使って不足している部品を自分達の手で作ります。部品だけではなく工具まで作ることがあります。車いすの整備には専用の工具が必要になる場合もありますから一般の工具を加工して、車いすの修理に適したオリジナルの工具を作ったこともありました。」

車いすを受け取ってから送るまで、次のようなプロセスをたどります。

「車いすの受け入れ」→「記録写真とデータ測定」→「洗車・交換部品の手配」→「分解整備・組立」→「完成チェック」→「梱包《こんぽう》・発送」……。

「いのち」を乗せるものなので、細心の注意を払って整備をします。

車いすの寄贈は2004年にはじまり、2017年には寄贈台数が2000台を超えました。ここ数年は年間200台以上を寄贈しているそうです。高校生のボランティア活動としてこれだけ多くの数を扱うのは容易なことではありません。作業時間や作業スペースも限られています。少しでも多くの車いすを整備して寄贈するためには、車いすの受け入れ環境を整えることが大事です。また、作業の難易度に応じて作業人数を調整し、作業のスピードや品質の向上を図るための工夫は欠かせません。

生徒達は、車いすの再生作業を通して「モノの大切さ」を学び、技術を磨くことができます。車いすを提供してくださった方から「こうして使ってもらえてよかったです」という声も届いています。

日本社会福祉弘済会を通じて、寄贈先から写真や手紙が送られてくるので、自分達の技術が人の役に立つことが実感できて、大きな励みになっているそうです。

昨年には、長年の夢が叶い、寄贈先のタイに直接自分達の手で車いすを持っていくことができました。活動について話を聞かせてくれた生徒のひとりも、現地への訪問を予定しているということでした。

「タイを訪れる予定にしています。現地では病院などを訪れてどのような環境のもとでどのように車いすが使用されているのかを直接見て勉強してきたいと思っています。」

現地での体験はまた新たな活動への活力になります。工業高校生達の技術と熱い思いが、多くの人々の生活を支えています。


（2017年鎌田實賞、2019年日本航空賞受賞）

神戸市立科学技術高等学校

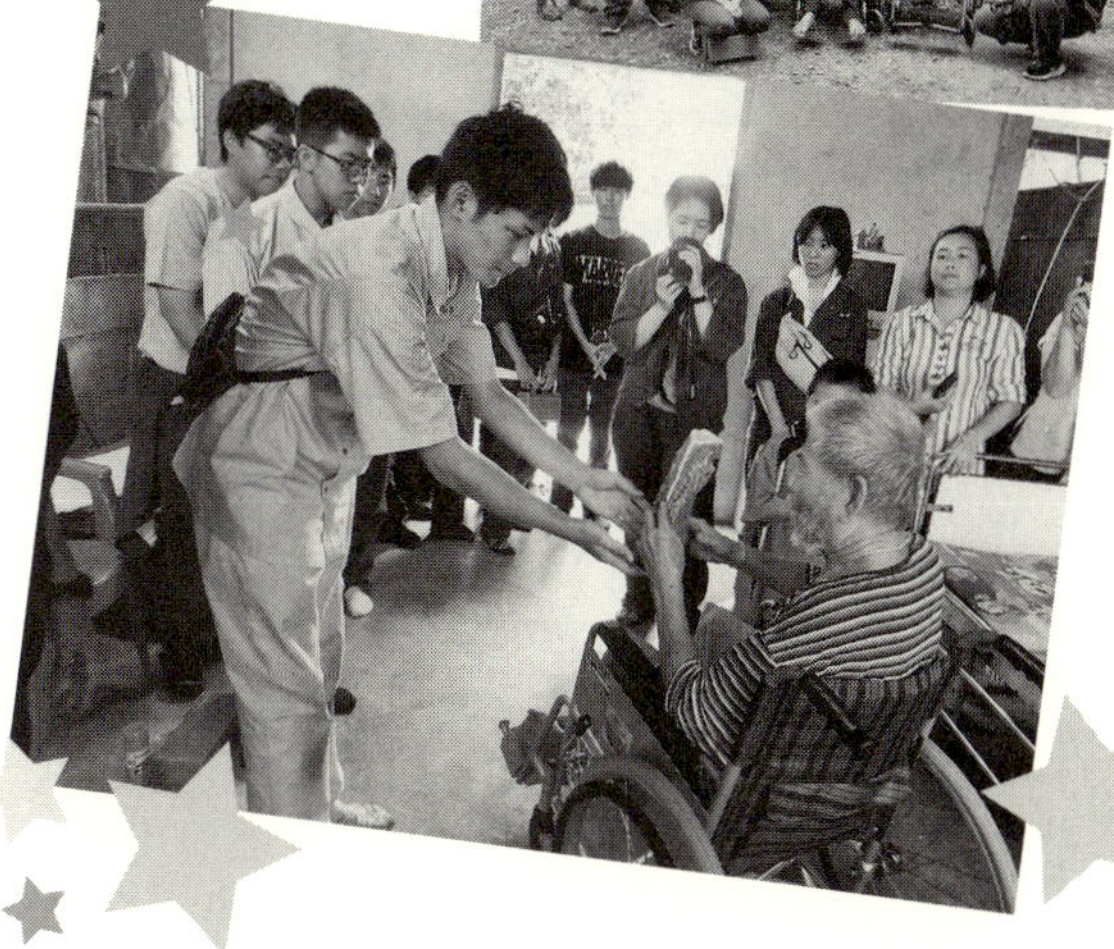

兵庫県立神崎高等学校　ボランティア部

今、私達ができること

兵庫県立神崎《かんざき》高校ボランティア部は、社会福祉協議会の活動や街頭募金など幅広い地域活動を行っています。

地域の運動会やお祭りに参加したり、商店のシャッターに絵付けをしたり、交通安全のマスコットを作って配布したりしています。さらに地元のケーブルテレビで地域の魅力をＰＲする番組作りに協力もしました。活動はボランティア部だけではなく、生徒会や家庭科部などと協力しながらやっていて、たとえば交通安全のマスコットは家庭科部の部員達が作ってくれたそうです。

街頭募金は、２０１５年のネパール地震の被災地の支援にはじまり、近年はロヒンギャ難民の支援が中心です。集めたお金は、神戸新聞厚生事業団やユニセフに送ります。

２０１８年の西日本豪雨災害の際には、緊急街頭募金を行うとともに、実際に倉敷市真備《まび》地区に行って災害ボランティア活動も行いました。

「地域の公園が、使えなくなった家具や壊れた物の置き場所になっていたため、ガラス片や木材やの破片、金具などが散乱していました。小さな子ども達が使えない状態でした。そこで土を掘り起こして破片を取り除く作業をして、子ども達が安心して公園で遊べるようにしました。」

活動の幅は広く、どんな活動においても「人々が笑顔でいられる地域社会を作る」ということをいつも心がけているそうです。ボランティア部の部員のひとりが、この活動に参加する思いを次のように話してくれました。

「ボランティア部に入ったのは、自分が誰かのために役に立てること、そして、かたちのないものをみんなで協力しながら作り上げていくということに魅力を感じたからです。地域はもちろん、被災地の人々や海外の難民を救うことに関わることができるのはとてもうれしいです。」

これらの活動が評価されて、神崎高校ボランティア部は平成30年度の「ひょうご県民ボランタリー活動賞」を受賞しました。

ほっと

川原尚行
（認定 NPO 法人
ロシナンテス理事長）

Naoyuki KAWAHARA

アフリカの大地にひとり立ち、道なき道を歩もうとしたときには、自分の無力さを感じた。しかし今では、日本からアフリカでの医療支援をサポートしてくれている人たちがいて、現場ではアフリカの人たちの協力によって事業が進んでいる。このことを考えると、無力どころか大きな力を感じざるを得ない。

内戦の続いたスーダンで、東日本大震災のあった東北で、苦しみや悲しみの中、懸命に生きようとする人たちに寄り添い、笑顔が生まれるようにと願って支援事業を行ってきた。

自分一人では非力だが、みんなで手を取り合えば、きっと大きな力になる！

いつか君たちと手を取り合える日が来ることを信じて、今回の高校生アワードに参加します！

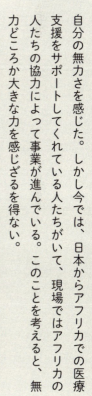

兵庫県立洲本実業高等学校

風車街路灯で被災地を照らす

ソフトエネルギー研究ユニット

「阪神・淡路大震災の時に、東北の方々から食料や物資の支援をしていただいたと聞いています。今度は東北のみなさんになにか恩返しできないかと話し合いました。」

こうしてはじまったのが、県立洲本実業高校ソフトエネルギー研究ユニットの「ひかりプロジェクト」です。

ソフトエネルギーとは、風力・水力・太陽光・波力などの再生可能エネルギーのことです。

ソフトエネルギー研究ユニットは、とくに風力と水力発電装置の研究を行っています。

日頃の研究成果を生かして被災地の人々を支援できることは何か……みんなで話し合いました。そして被災地は電力事情が悪く、町では照明が不足していることに注目しました。

「そこで、停電時でも使える風車街路灯を寄贈することに決めました。」

風車に発電機能が備わっていて、風力によって蓄えられた電力が夜間にＬＥＤ照明を点灯させる仕組みです。

陸前高田市《りくぜんたかた》や石巻市《いしのまき》を訪ねて、製作した街路灯を仮設集会所などに設置しました。

停電の時でも使える街路灯は、被災した地域を明るく照らしています。

このようにして震災直後に先輩達の手によってはじめられた「ひかりプロジェクト」は後輩達にも代々受け継がれています。

その後、後輩達が性能改

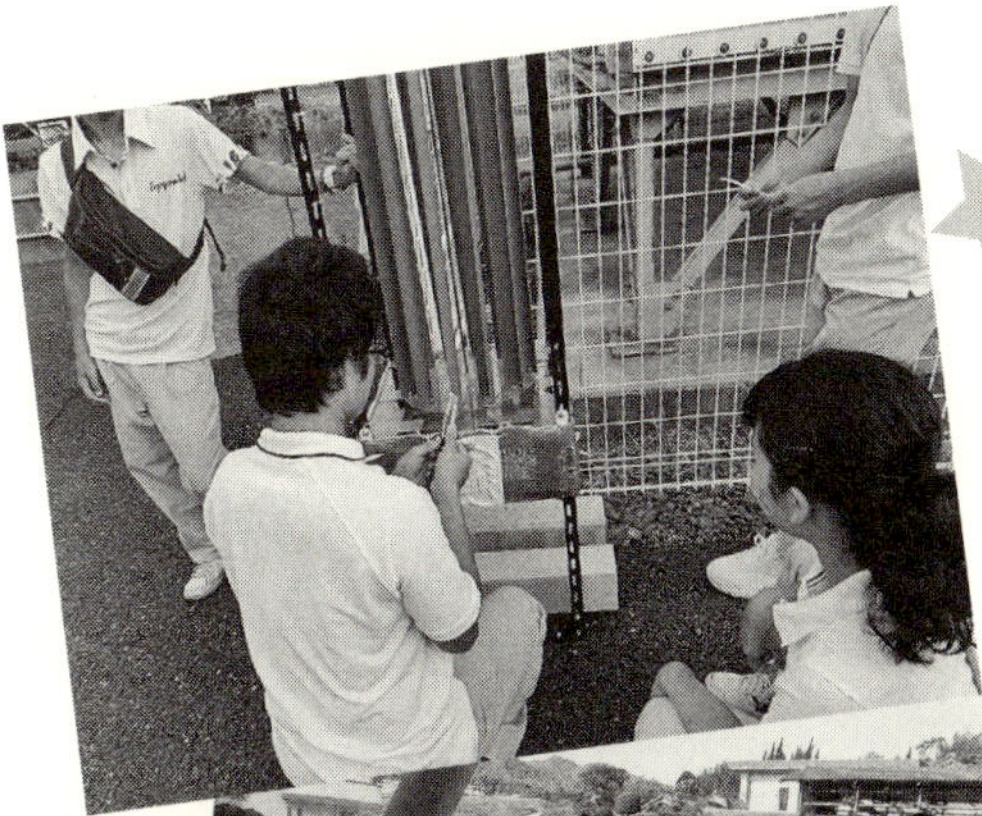

善を続け、現地からの要望をきいて新しいものを設置し、また、以前設置したもので不具合が生じたものがあれば修理しています。

エネルギー問題は、これからの社会のあり方を考えていくうえでとても重要な課題です。ソフトエネルギー研究ユニットのこのような活動は、被災地の人々だけでなく、これからの社会を生きる人々の未来を明るく照らしています。

（2019年さだまさし賞受賞）

仁平史織
（上智大学総合人間科学部教育学科）

Shiori NIHIRA

高校生のみなさんへ

こんにちは。上智大学から参りました仁平史織です。突然ですが、質問です。みなさんは大学生と聞くとどのようなことを思い浮かべますか？

きっと多くの方が、自由で楽しい時間がたくさんある、と思っているのではないでしょうか。長期休みが2か月もあるのは大学生の特権です。もちろんこの休みをどう使うかはみなさんが決めることですが、国内や海外の問題に目を向け活動できるのは大学生だからこそできることだと考えています。

ぜひみなさん、多くの課外活動に参加し、充実した大学生活を送ってください。

金光学園高等学校・岡山龍谷高等学校・鹿島朝日高等学校

白石踊800年の伝統を受け継ぐ会

白石踊の伝統を受け継ぐ

平安時代末期、都落ちする平氏とそれを追討する源氏との間で繰り広げられた源平合戦。その主な舞台となったのが瀬戸内海でした。そんな瀬戸内海に浮かぶ島々のひとつ、白石島に伝わる「白石踊《しらいしおどり》」は、源平水島合戦の戦死者を供養《くよう》するためにはじめられた踊りだと言われています。白石島は、岡山県笠岡市の笠岡港から定期船で30分ほどのところにある周囲わずか10㎞ほどの小さな島です。

白石踊には「男踊り」「女踊り」など13種類の踊りが伝わっていて、踊り手の年齢や性別によって踊りが決められているそうです。死者を弔《とむら》うための踊りなので手拍子をせずに静かに合掌《がっしょう》をします。唄い手と太鼓を囲んで同じリズムに合わせてひとつの輪の中に複数の踊りが同時に踊られる形態は全国でも珍しく、国の重要無形民俗文化財に指定されています。

けれども、白石踊が伝わるこの島の人口は減り続け、現在はわずか450余名になりました。過疎化、少子高齢化が進み、子どもがいないため小学校は休校になりました。

800年の伝統をもつ白石踊は島内で伝承が行われてきましたが、担い手は高齢化し、後継者不足が課題になっていました。そこで白石踊会(白石踊の保存会)の方々は2017年に笠岡市本土に支部を作り、行政と協力して白石踊講習会を開催していましたが、中高生の講習会参加者はいませんでした。

そんな状況が大きく変わったのは、ひとりの男子高校生(渡辺陽君)の活動がきっかけでした。渡辺君は、お盆に白石島を訪れてこの白石踊に魅了され、その感動を記事にして新聞に投稿したそうです。そして自分が後継者になろうと思って講習会に参加するようになりました。その後、さらに学内の学習発表会や大学のシンポジウムに参加して発表するなどして、積極的に白石踊の魅力を広く訴えたのです。

白石踊のどこにそれほどの魅力を感じたのかを聞いてみると、

「伝統的な文化で、ほのぼのとした温かい感じがとてもよかったんです。これが無くなってしまうのは悲しいなと思って……」

決して饒舌《じょうぜつ》ではありませんが、自分の素直な思いを教えてくれました。

学校の発表会などで渡辺君の白石踊に関する発表を聞いた同級生や下級生が興味をもち、いっしょに活動に参加するようになりました。さらに他校の高校生も参加してくれるようになり、次第に活動の輪は広がっていったのです。

「いままで白石踊のことは全く知りませんでした。祖母が白石島出身なのですが、祖母からはそれまで聞いたことがありませんでした。」

学校の発表会で話を聞いてこの活動に参加するようになったという男子高校生のひとりがそう話してくれました。

いまでは7つの高校、19人もの高校生が参加するようになっています。今回のボランティア・アワードの会場には金光《こんこう》学園高校、倉敷古城池高校、総社《そうじゃ》高校の生徒が代表で参加していました。

「年齢や性別によって踊りや衣装が異なります。若い娘達は華やかな色彩、大人の女性は落ち着いた色合いの衣装で踊るんですよ。」

桜色の華やかな衣装を纏《まと》った女子生徒達が、そう説明してくれました。そして華麗な「娘踊り」を、男子生徒は「ぶらぶら踊り」を披露してくれました。

伝統を受け継ぐ会の高校生達は毎月の活動報告を笠岡市のホームページに掲載してもらっています。白石踊会の方を招いて高校で講習会も行いました。

毎年7月に、観光客に白石踊を披露《ひろう》する「白石踊ツアー」が開催されていますが、今年は島外から多くの高校生が来るということで、白石島の中学生・高校生も張り切って白石踊を踊ったそうです。また白石踊講習会への参加を呼びかけるチラシを作って岡山県内の小中高生に配布する準備もしています。

島のお盆は、本来は4日間行われるものですが、2019年は真ん中の2日間は台風接近と大潮の対策でお盆の行事は中止となりました。4日目は台風が通り過ぎたので、浜辺での法要と灯籠《とうろう》流し、白石踊がありました。

白石島へ帰省した人達の中には台風接近の前に島から本土へ戻る人も多かったことと、観光客が台風直後なので敬遠したことで、例年よりも少ない人数でした。けれども島の年配の人が「若いもんが参加してくれて嬉しい」と話していたそうです。

彼らの次なる目標は、東京オリンピック・パラリンピックで世界の人々に白石踊を披露することです。源平合戦の犠牲者を弔い平和を祈る白石踊は平和の祭典オリンピックにぴったりなのです。さらに2025年の大阪万博に出演することを望んでいます。1970年の大阪万博には白石島から100人が出かけて踊りを披露したそうです。白石踊会の皆さんは「また行きたい」という一方で「その頃にはもう高齢で踊りたくても踊れない……」という不安も抱いているそうです。

「そんな島の人々にむけて「私達に任せてください」と胸を張って言えるように、私達高校生が着実にこの白石踊を継承していくことが大事だと思っています。」

彼らは静かに決意を語っていました。

白石踊800年の伝統を受け継ぐ会の活動は、第23回ボランティア・スピリット・アワードのブロック賞を受賞し、彼らが発案した「バーチャルアイドル白石舞」は岡山イノベーションコンテスト「ビジネスプラン部門高校生の部」で大賞を獲得、さらに日本政策金融公庫主催の高校生ビジネスプラン・グランプリのファイナリストに選出されるなど、さまざまな分野で注目を集めています。

（2019年マイナビ賞受賞）

バーチャルアイドル白石舞が踊る！

高校生達の発案で白石踊を踊るバーチャルアイドル「白石舞」が生まれました。実際の踊りを撮影したデータをもとにバーチャルの美少女キャラクターが踊ります。白石踊のPR活動に活用が見込まれるほか、日本各地の伝統文化がデジタルデータ化され、ご当地バーチャルアイドルが誕生する契機となることも期待されます。

制作過程★

★バーチャルアイドルの

③

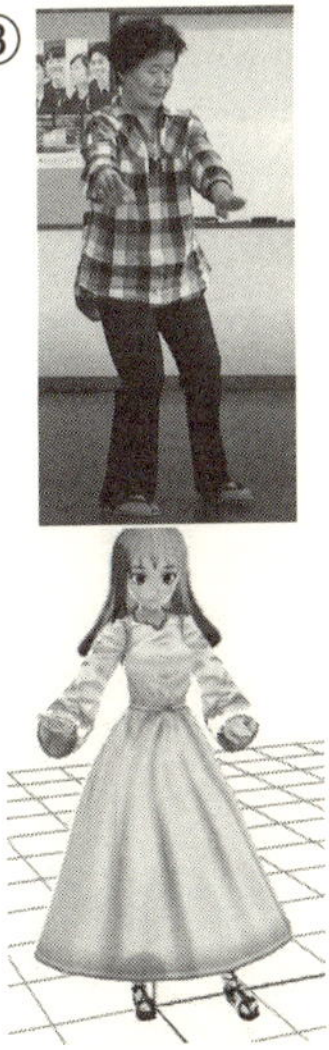

④

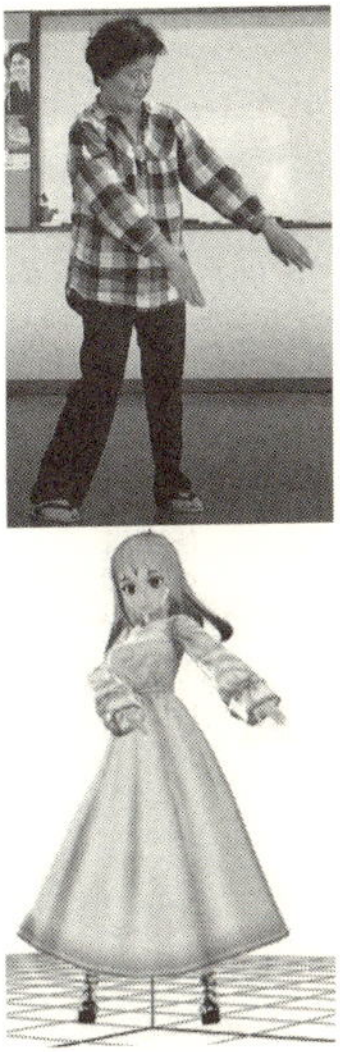

⑦

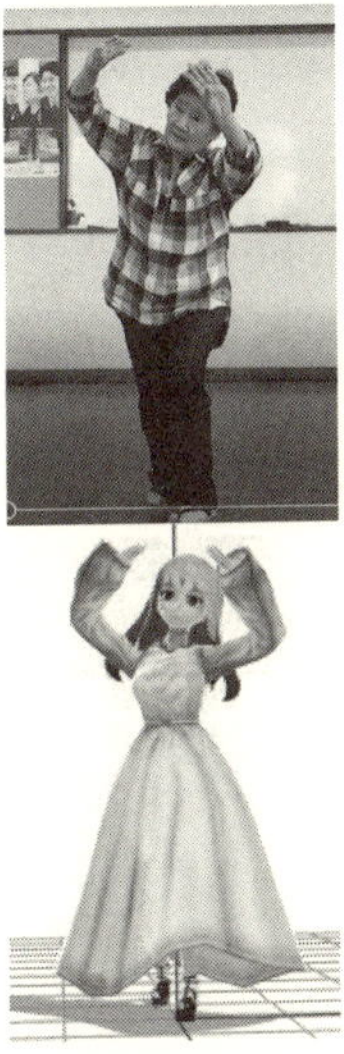

⑧

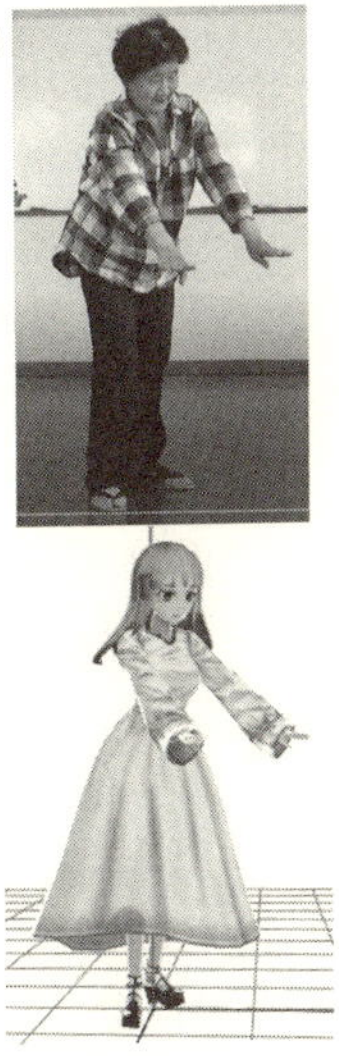

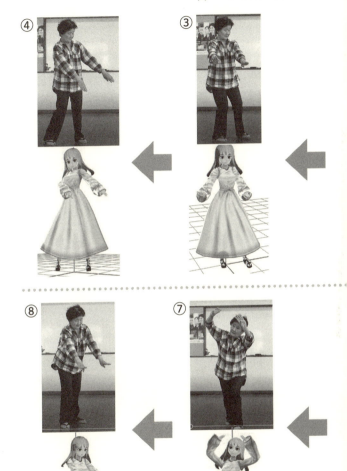

岡山県立倉敷古城池高等学校

子ども食堂がコミュニティの核になる

ワッショイ!とーかーず

岡山県倉敷市の中心部には白壁の蔵屋敷の街並《まちな》みが広がっています。この情緒豊《じょうちょ》かな街並みが多くの観光客を魅了しています。近年は岡山デニムに代表される繊維《せんい》業も盛んです。さらに、倉敷市南部にある水島コンビナートは西日本一の重化学工業地域で、水島港は全国10位の港湾貨物取扱量を誇っています。

そのような繁栄の一方で、工業地帯に隣接する水島地区の商業地域は人口が減少し、かつての賑わいが薄れてしまっています。

そんな水島地域に活気を取り戻そうと取り組んでいるのが、岡山県立倉敷古城池《くらしきこじょういけ》高校ワッショイ!とーかーずです。

地域での活動を行ううえで大切なのは、まずその地域について知ること。そのためまず取り組んだのは、過去から現在までの地域の歴史を知ることと、そしてコンビナートの企業や商店街の人々について知ることでした。

そのため、コンビナートの会社を訪問して地域産業の発展の歴史について調査し、地元の人々からそれぞれ歩んできた人生についてお話を伺い、記録する「聞き書き」などの活動を行ってきました。

さらに、町おこしイベントに参加したり、企業や行政、そして岡山大学など産官学民が連携した「みずしま滞在型環境学習コンソーシアム」に唯一の高校として参加するなど、地域のさまざまな人々と連携しながらアクションを実践しています。

そんな地域活動のひとつとして子ども食堂の活動があります。

月に一度開かれている子ども食堂のお手伝いに行った時、スタッフから「食事の提供だけでなく、そのあとの団欒《だんらん》が大事」と言われ、子ども食堂がコミュニティにおいて人と人とのつながりを作り、豊かさを作り出す役割を果たしていることを感じたそうです。

こうしてはじめた子ども食堂のお手伝いですが、はじめから上手くいったわけではありません。実は、ワッショイ!とーかーずのメンバーは料理ができなかった……。

はじめは、お手伝いどころか、むしろ食堂のスタッフに玉ねぎを切るコツや鶏肉の切り方などを教えてもらう立場でした。それでも、料理をしながら子ども達とおしゃべりをしたり、地域の人々が遊びに来てくれるようになったり……、子ども食堂を通して少しずつ人々のつながりが深まっていきました。

ある時、スタッフからの提案もあって、食材の調達から献立作り、広報、そしてもちろん調理も含め運営のすべてを高校生だけで行うことになりました。高校生が運営する子ども食堂というのは全国的にも珍しいかもしれません。

食材の無償提供をしてもらうために高校の教員や地域の人々の協力を仰いだり、チラシを作ったり、食後のお楽しみ会の企画を練ったり、どれもが初めての体験でした。

実現するまでには大変なことも多くありましたが、最終的には、みんなで楽しく食事をすることができ、高校生企画の子ども食堂はたいへん好評で、第二弾、第三弾と続いているそうです。

「これらの活動は、私たちの力を引き出していただき、支えていただいた地域の方々の存在によるところが大きいです。」

と平松恵子先生は言います。

「子ども食堂を高校生に任せようと決断し、機会をくださっただけでなく、子ども食堂とは、という根本に当たる説明会から材料の買い物の手伝い、事前試作会、チラシの配布を含め広報、当日の見守り、そして一番大切な振り返りの時間までずっと私たち高校側の成長に期待して伴走してくださる子ども食堂のスタッフさんの存在なくしては生徒が活動を「ジブンゴト」としてとらえるまでに成長できなかったと感じています。」

観光客誘致のために行われている水島コンビナートクルーズではワッショイ！とーかーずのメンバーがアナウンスガイドを務めていますが、これもクルーズを企画した公民館の館長さんやアナウンスの練習に付き合ってくれたコンビナートOBの方、古城池高校OBをはじめ多くの水島の方々の協力があって実現したものです。

ワッショイ！とーかーずの「ワッショイ！」は高校生の元気の良さを表し、「とーかーず」は水島で学んだことを後世に語り継ぐ「talker（語り部）」という意味です。

高校生達の元気なエネルギーと地域の人々の温かいサポートが結びつき、コミュニティの新たな活力が生み出されています。

（2019年佐渡裕賞受賞）

Special Thanks
高校生が水島を調べてみた。
水島。
私たち古城池生に身近な水島。
その水島の魅力をより多くの人に
知ってもらうために制作しました!

★ 岡山県立倉敷古城池高等学校

山陽女子高等学校　地歴部

瀬戸内海の海洋ごみ問題の解決に向けた女子中高生の挑戦

「海洋ごみ」「プラスチックごみ」という言葉を耳にしない日はないほど、近年、海洋ごみ問題は大きな課題となっています。

「海洋ごみは大きく分けて、海の底に沈んでいる海底ごみと海上に浮かんで流される漂着ごみの二つがあります。」

岡山市にある山陽女子高校地歴部のメンバーは12年前から瀬戸内海の海底ごみ問題に取り組んできました。そして4年前から島しょ部の漂着ごみの問題の解決に向けた活動を行っています。

地元の漁師さんの協力を得て漁船に乗せてもらい、実際に底引き網で海底ごみの回収を行っています。

「網を引き揚《あ》げると、エビやシャコなどが捕れるのですが、それらに混じって信じられないくらい大量のごみが掛かるんです。本当に驚きました。」

メンバーのひとりが、海底ごみの回収作業の様子を説明してくれました。

「引き揚げたごみを種類別に分けて調べると、空き缶やプラスチック、ペットボトルなどが目立ちました。原形はとどめていませんが、お弁当のプラスチック容器の破片やレジ袋の切れ端などが多いですね。なかには自動車のタイヤまであったんですよ。あれはきっと意図的に海に投棄されたものでしょうね。」

海底ごみは、目に見えにくいため一般の間では知られにくいことや公的な回収者がいないことなどが大変大きな問題だそうです。海底に堆積するので生態系への影響も心配されます。これらの漂着ごみについては、瀬戸内海に浮かぶ手島《てしま》(丸亀市)で回収活動を行いました。

「海底ごみが多いので、瀬戸内海の島々にもごみが流れ着いているはずだ、と考えて漂着ごみについて調べはじめました。手島はわずかに十数世帯しか住んでいない小さな島ですが、浜辺にはペットボトルやプラスチック、さらに発泡スチロールなどのごみが散乱していました。」

回収したごみを分類して調べると手島の住民の方が捨てたごみなどではなく、本州から流れ着いたごみばかりであることがわかりました。レジ袋を見ればどこのお店のものかわかるし、食品包装容器などに記載されている製造日や賞味期限の日付を調べて記録しているので、どこの地域からどれくらいの期間でごみが流れ着いたかがわかるそうです。

例えば岡山県内のスーパーで売られているお弁当の容器やスーパーのレジ袋がありました。廃棄から漂着までの時間は最短でわずか3日間というものもあったといいます。

島でごみの回収活動を行っても、しばらく時間がたつとまた以前と同じように海岸はごみで埋め尽くされてしまいます。海洋ごみを無くすためには、回収するだけではなく、ごみを出さないようにしなければいけないのです。

「海洋ごみというと、海に投げ捨てられるごみのようなイメージが強いかもしれませんが、ほとんどは内陸部で捨てられ、風で飛ばされ、川を下って海にたどり着いたものなんです。ですから海洋ごみの問題は、沿岸部に住む人だけでなく内陸部に住む人達の問題でもあるのです。」

海洋ごみは、陸域で廃棄された生活ごみが河川を通じて海へ流れ込み、海底へ沈積《ちんせき》したり、島へ流れ着いたりするものです。時間が経過するにつれて形や大きさ、場所を変える、つまりごみは小さくなり、見えなくなり、拾えなくなることが大きな問題なのだと言われています。

ごみを無くすためには、何よりもごみを出さないようにするという啓発活動が重要です。そのため、地歴部のメンバーは、公民館などでの地域の人々に啓発活動を行ったり、若い世代向けに体験学習会や出前授業を開催しています。

「海洋ごみ問題をひとりでも多くの人に知ってもらいたい。そう思いながらいつも活動に取り組んでいます。」

（2017年小林幸子賞、2019年新羅慎二賞受賞）

安全ポシェットで交通事故を防止する

宇部フロンティア大学附属香川高等学校　ユネスコ部

山口県の交通事故の統計を見ると歩行中に事故にあう高齢者の数が多いことに気づきます。そして、歩行者の死亡事故は昼間よりも夜間多く起きています。

夜間の交通事故を防ぐためにはどのような対策が必要でしょうか。山口県の宇部警察署や宇部交通安全協会は事故防止活動の一環として「反射材」の普及に取り組んでいます。歩行者が反射材を身につけていれば夜でもドライバーから歩行者がよく見えるので事故にあいにくくなるのです。

この取り組みを知った香川高校ユネスコ部の部員達は、交通事故の防止のために反射材付きの肩掛けポシェットを作ることを思いつきました。肩掛けポシェットであれば両手が自由に使えるため高齢者が外出する時に身につけられます。散歩する時や買い物の際に、このポシェットを身につければ、暗闇の中でもドライバーが歩行者を見やすくなり、事故を未然に防ぐことに役立つのではないかと考えたのです。

デニム素材の生地でポシェットを作り、そこに反射材を縫《ぬ》い付けます。さまざまな形の反射材を組み合わせて縫い付けることによってデザイン性も増し、とてもオシャレなポシェットができあがるのです。

香川高校には生活デザイン科があってデザインと縫製《ほうせい》技術を学んでいますので、生活デザイン科の生徒の腕の見せ所です。授業で学んだ技術やデザイン力を発揮して作られたポシェットはこれまでに200枚以上に上ります。生地は地元のデニム会社が端切れを提供してくれるそうです。装飾テープは授業で使ったものの残りを活用し、できるだけコストをかけないように工夫をしています。

これまで警察署を通して配布されたり、チャリティーバザーなどで販売されています。「反射タスキだけだと軽くて肩から落ちやすいが、ポシェットにしてそこに物が入ると安定した装着ができ使いやすい。また、デザインも素敵」と高齢者の方々からも評判がよいそうです。

「とても好評で売り切れ続出です。予約も入っていますが、部員の数が多いわけではないのでそれほどたくさんの数を作れません。できるまで待っていただいている状態です。」

ポシェットだけではありません。普通科の生徒も小物を作っていて、どれも好評を博しています。ペットボトルなどを入れられる箱型のバッグ、薬手帳や筆記用具などを入れられる3段ポーチ、お金を出し入れしやすいガマロ型財布なども試作(いずれも反射材が縫い付けられている)し、「第39回ホームソーイング」全国大会の「小物・インテリア部門」で2019年3月に入賞を果たしました。

チャリティーバザーの売り上げや街頭募金で集めたお金は日本ユネスコ協会へ寄付し、東日本大震災で被災した子ども達の教育支援や識字率の低い発展途上国の子ども達のための寺子屋運動に使われています。

☆ 宇部フロンティア大学附属香川高等学校

徳島県立徳島商業高等学校

カンボジア交通渋滞緩和プロジェクト

校内模擬会社 ComCom

徳島県立徳島商業高校の校内模擬会社 ComCom は、カンボジアのプレイベン州にあるカンボジア－日本友好学園（以下、友好学園）と共同で商品開発を行っています。友好学園は、1999年に日本のNGOの資金供与で建てられた中高一貫の学校で、徳島商業高校と友好協定を結んでいます。

共同の商品開発とは、「商業の学びを通して友好学園の運営を助けよう」というテーマのもとに立ち上げたプロジェクトであり、お土産物開発のプロジェクトです。

これまでに、地元産カボチャを使った蒸しまんじゅう「ふれんじゅう」や、ヤシ砂糖アイスクリームなどを開発しています。カンボジアで開催された国際展示会に出品して試食をしてもらい、現地の人々の反応なども調査したそうです。

さらに2018年には食品工場を建設しました。カンボジア国内向け食品や地元のカシューナッツやコショウなどを日本向け商品として加工する食品加工場で、衛生管理にも万全を期しています。工場の収益金は、友好学園の運営費に充《あ》てられます。

こうして商品開発を進めてきましたが、大きな課題に直面しました。それは、カンボジアの交通事情が悪い、特に交通渋滞がひどい状況にあるため、せっかく製造した商品の流通に支障をきたしてしまうことでした。

そのため「カンボジア交通渋滞緩和《かんわ》プロジェクト」がスタートしたのです。もちろん、ただ単に商品流通を円滑にすることだけが目的ではありません。大きな社会問題となっている交通事故や事故による犠牲者を減らすことも大きな目的のひとつです。

具体的には、カンボジアの道路事情や渋滞発生の要因を事前に調査し、どうして渋滞が起きるのか、どうすれば渋滞は解消できるのか、数学や物理学の大学の専門家の協力を仰ぎながら、さまざまなシミュレーションを行ったそうです。

その後、実際に現地を訪れ、プノンペン市内の道路でビデオカメラやカウンターを用いて交通量調査を行いました。

ComCom代表取締役の三好彩加さんが話してくれました。

「カンボジアに行くのは今年の夏でもう3回目になります。言葉が通じなくて思うように意思疎通ができないこともあって現地の調査はたいへんですがカンボジアの高校生といっしょにやるので、カンボジアの人達の考え方などもわかって楽しいです。」

その結果、調査した道路では交通ルールが守られていないことや車両の流入量が道路の許容量をはるかに超えていること、信号がない「ラウンドアバウト」交差点の構造上の課題があることなどがわかりました。

ComCom の活動は、この調査にとどまりません。これらの調査結果をカンボジア公共交通省やカンボジア教育省でプレゼンテーションして報告し、交通渋滞を改善する方策を提言しています。

「その時に教育省の方から、「カンボジアの小学校の教科書に載せて、交通マナー教育を充実させていきたい」という言葉をいただきました。」

このように長年にわたって活動が続けられていることでカンボジアと徳島商業高校の関係が深まっています。日本駐在のカンボジア大使の学校訪問も実現しました。さらに、徳島県が2020年の東京オリンピック・パラリンピックのカンボジア代表のホストタウンに登録されたのです。生徒達は「ホストタウン特使」としてPR活動に携わっています。また、県内の高校生とカンボジア五輪選手との交流なども実施しているそうです。

鈴鹿剛先生が次のように話してくれました。

「机上で理論を学ぶだけでなく、実際にアクションを起こすことによって変化が起きます。生徒達もどんどん変わっていきます。「自分達が世の中を変えられる！」というような思いを抱くまでになっていて頼もしいですね。」

（2019年ANA賞受賞）

沖縄県立中部農林高等学校
環境土木プロジェクトチーム

産業廃棄物で癒しの空間づくり

みなさんは紙やパルプを製造する時に、「ペーパースラッジ」と呼ばれる汚《お》泥《でい》が出ることを知っていますか？　異臭を放ち、腐敗しやすい産業廃棄物で、焼却処分されることが多いそうです。

ペーパースラッジは年々増加していて、近年では年間の排出量が５００万トンを超えるとも言われています。このペーパースラッジを焼却して、その灰をセメントの原料として利用することもありますが、最近はセメント生産量が減少していて、ペーパースラッジ灰の利用量は減ってきているそうです。

ペーパースラッジの処理にはコストがかかります。たとえば、沖縄県内のある製紙会社では、１日に約15トンのペーパースラッジが排出され、その焼却などに要する費用は数千万円にものぼるそうです。

費用の問題だけではありません。焼却すると通常の焼却によるCo_2(二酸化炭素)に加え、炭酸カルシウムの熱分解によるCo_2も排出されるため、地球温暖化防止の観点からも大きな課題となっています。

ペーパースラッジの有効な利用法をあらたに開発することがいま求められているのです。そこで沖縄県立中部農林高校環境土木プロジェクトチームのメンバーは、その有効な活用法を確立することに力を注いでいます。

とはいえ、有効な活用法を見つけるのは簡単なことではありません。たとえば、ペーパースラッジを使った肥料を作ってみたことがありますが、臭いがきつくて断念せざるを得なかったそうです。

また、ペーパースラッジは粘土のような材質なので、これを加工して成型しても、硬くなるとすぐにヒビが入ったり割れてしまいます。

さらに、植物を生育させる培土として活用できないかと試してみましたが、種を蒔いてもこの培土からほとんど発芽しませんでした。

さまざまな植物を試した結果、わずかにマリーゴールドや芝生は発芽することがわかりました。この培土からは雑草が生えないため、たとえば、屋上ガーデンやミニチュアガーデンに活用できる可能性があります。軽量であることや、ある程度の保水力があることなどから、芝生を活用した屋上緑化などの資材や造園資材、敷石などとして期待できることがわかってきたそうです。

あるいは、陶芸の材料にしてシーサーなどを作ることには成功しましたし、庭に置く灯籠なども作れるのではないかと期待されます。一度固まると強度はあるので、建築資材などにも活用できるのではないかと考えています。

ブースに展示されている数々の試作品や検証の記録を見ていると、これまでに多くの試行錯誤を積み重ねてきたことがわかります。

ペーパースラッジに限らず、さまざまな産業廃棄物を有効に活用していくことはこれからの社会に求められる大きな課題です。それはこの中部農林高校環境土木プロジェクトの活動のような地道な努力を積み重ねていくことによって実現されていくことなのでしょう。

☆ 沖縄県立中部農林高等学校

参加校リスト

高校生ボランティア・アワード2019

★ブース発表校

北海道士幌高等学校　環境専攻班・士幌環境講座
北海道士幌高等学校　ボランティアクラブ
北海道三笠高等学校　地域連携部
小樽双葉高等学校　奉仕活動部
北海道滝川高等学校　放送局
青森県立名久井農業高等学校　5代目TEAM PINE
青森県立名久井農業高等学校　Bubble Boys & Treasure Hunters
青森県立五所川原農林高等学校　野菜研究室
宮城県農業高等学校　科学部復興プロジェクトチーム
宮城県築館高等学校　人のためプロジェクト
宮城県名取北高等学校　奉仕活動部
秋田県立十和田高等学校　ボランティア部

秋田県立大曲農業高等学校　生物工学部
山形県立山形工業高等学校　土木・化学研究会
山形県立置賜農業高等学校　豆ガールズプロジェクト
福島県立光南高等学校　矢吹の町を支え隊
福島県立郡山萌世高等学校　読み聞かせボランティア
福島県立白河実業高等学校　機械科課題研究班
福島県立平工業高等学校　生徒会
茨城キリスト教学園高等学校　インターアクトクラブ
栃木県立鹿沼南高等学校　課題研究野菜班
栃木県立栃木農業高等学校　とちのう道普請プロジェクト班
栃木県立学悠館高等学校　JRC部
栃木県立真岡女子高等学校　JRC部
群馬県立利根実業高等学校　生物資源研究部
ぐんま国際アカデミー中高等部　女子高生ヘアドネーション同好会
群馬県立館林高等学校　JRC部
川口市立高等学校　ボランティア部

★参加校リスト

埼玉県立栗橋北彩高等学校　ボランティア部
埼玉県立大宮工業高等学校　インターアクトクラブ
埼玉県立ふじみ野高等学校　生徒会執行部
星野高等学校　国際文化部
埼玉県立川越総合高等学校　ＪＲＣ部
埼玉県立川越総合高等学校　ＦＦＪクラブ
千葉県立八千代西高等学校　図書委員会
千葉県立国府台高等学校　生物部
千葉県立松戸南高等学校　科学研究部 Team Quad-E
千葉県立津田沼高等学校　理科部生物班
八王子学園八王子高等学校　ボランティア部・車人形同好会
獨協中学・高等学校　緑のネットワーク委員会
東京都立国立高等学校　ボランティア同好会
広尾学園高等学校　インターナショナルコース翻訳ボランティア
東京学芸大学附属国際中等教育学校　とも×とも～高校生による子ども食堂での無料学習支援～
東京都立国際高等学校　国際協力ボランティア同好会

実践学園中学・高等学校　環境プロジェクト
東京都立杉並総合高等学校　杉総組 team F
白百合学園高等学校　ボランティア委員会＋小百合会
神奈川県立中央農業高等学校　養鶏部
横浜清風高等学校　インターアクトクラブ
慶應義塾湘南藤沢高等部　環境プロジェクト
桐蔭学園高等学校　インターアクトクラブ
日本女子大学附属高等学校　人形劇団ペロッコ
鎌倉学園中学校・高等学校　インターアクト部
神奈川県立横浜南陵高等学校　社会福祉部
富山国際大学付属高等学校　メディア・テクノロジー部
福井県立鯖江高等学校　JRC部
福井県立足羽高等学校　JRC部
身延山高等学校　手話コミュニケーション部
長野県松川高等学校　ボランティア部
岐阜県立加茂農林高等学校　堂上蜂屋柿 Activation Pro

★参加校リスト

岐阜県立岐山高等学校　生物部魚班
静岡県立駿河総合高等学校　M-SIPP
静岡県立富岳館高等学校　富岳特産物研究班
浜松学芸中学校・高等学校　ボランティア部
愛知県立岡崎東高等学校　JRC部
愛知県立木曽川高等学校　総合実務部
中部大学春日丘高等学校　インターアクトクラブ
桜花学園高等学校　インターアクトクラブ
セントヨゼフ女子学園高等学校　学園会
滋賀県立八日市南高等学校　地域支援活動同好会
京都府立綾部高等学校　分析化学部
大阪府立堺工科高等学校　定時制の課程　ボランティア活動部
大阪府立堺工科高等学校　定時制の課程　生徒会活動部
大阪府立枚岡樟風高等学校　瓢簞山戦隊ショウフウジャー(地域貢献部)
神戸市立科学技術高等学校　空飛ぶ車いす研究会
兵庫県立神崎高等学校　ボランティア部

兵庫県立松陽高等学校　災害食で地域活性化 Project team
兵庫県立東播磨高等学校　生徒会執行部
兵庫県立兵庫高等学校　創造科学科３期生
兵庫県立神戸商業高等学校　理科研究部
兵庫県立洲本実業高等学校　ソフトエネルギー研究ユニット
神戸龍谷高等学校　ＪＶＣ
奈良育英高等学校　生徒会&執行委員会・有志 with 写真部
奈良県立磯城野高等学校　Flowers
島根県立平田高等学校　ＪＲＣ部
金光学園高等学校・岡山龍谷高等学校・鹿島朝日高等学校　白石踊８００年の伝統を受け継ぐ会
岡山県立倉敷古城池高等学校　ワッショイ！とーかーず
山陽女子高等学校　地歴部
広島市立広島工業高等学校　広島市工サイエンス工房
広島市立大手町商業高等学校　生徒会
宇部フロンティア大学附属香川高等学校　ユネスコ部
山口県立柳井商工高等学校　まちづくりプロジェクトチーム

徳島県立阿南光高等学校・小松島西高等学校勝浦校・小松島高等学校・徳島北高等学校　緑のリサイクルソーシャルエコプロジェクトチーム
徳島県立徳島商業高等学校　校内模擬会社COMCOM
徳島市立高等学校　市高ドナーアクション啓発委員会
高知県立伊野商業高等学校　商業技術部内　和紙研究会
福岡県立水産高等学校　アクアライフ科
福岡常葉高等学校　ボランティア部
佐賀県立佐賀商業高等学校　さが学美舎
沖縄県立中部農林高等学校　PSP環境土木チーム

★ポスター発表校

北海道函館水産高等学校　なかの研究所
福島県立平支援学校　JRCボランティア部
福島県立福島高等学校　サンキュー・カンボジア・プロジェクト
茨城県立岩井高等学校　岩高Linkプロジェクト
栃木県立宇都宮北高等学校　科学研究部(科学実践活動グループ)

群馬県立渋川工業高等学校　ＪＲＣ部
立教新座高等学校　生物部
開智日本橋学園中学・高等学校　Kaichi Volunteer English team
関東第一高等学校　国際ロータリー第２５８０地区インターアクトクラブ
桜丘中学高等学校　青少年赤十字部
東京学芸大学附属国際中等教育学校　ボランティア部
お茶の水女子大学附属高等学校　アフガン☆ボランティア部
東洋高等学校　ボランティア部
順天中学高等学校　社会福祉部
豊南高等学校　手話部
川崎市立川崎高等学校　福祉ボランティア部
北陸学園北陸高等学校　北陸高校弓道部
静岡市立清水桜が丘高等学校　パソコン部
静岡県立金谷高等学校　ボランティア部
愛知県立津島北高等学校　ボランティア部
洛南高等学校　ボランティア同好会

帝塚山学院泉ヶ丘中学校高等学校　ボランティア部
兵庫県立東播工業高等学校　空飛ぶ車いすサークル
兵庫県立柏原高等学校　インターアクト部
和歌山県立那賀高等学校　NAGA-B.C.C.
おかやま山陽高等学校　硬式野球部
広島県立加計高等学校　生徒会
福山暁の星女子中学・高等学校　生徒会奉仕係
徳島県立阿南光高等学校　バイテク・農業クラブ
坂出第一高等学校　食物科料理研究部
高知県立中村高等学校西土佐分校　Rapport

高校生ボランティア・アワード2019

日時：2019年7月29日・30日

会場：パシフィコ横浜

後援：内閣府、社会福祉法人NHK厚生文化事業団、神奈川県、神奈川県教育委員会、社会福祉法人神奈川県社会福祉協議会、社会福祉法人埼玉県社会福祉協議会

協賛：大日本印刷株式会社、カーコンビニ倶楽部株式会社、日本航空株式会社、全日本空輸株式会社、株式会社おやつタウン、一般社団法人日本ほめる達人協会、ライオンズクラブ、楽天株式会社、株式会社マイナビ、國學院大學、東京メトロポリタンテレビジョン株式会社、一般社団法人共生の会、一般社団法人日本移植学会

特別応援：特定非営利活動法人国境なき医師団日本

協力：上智大学、特定非営利活動法人学校マルチメディアネットワーク支援センター

さだまさし
公益財団法人 風に立つライオン基金設立者・理事．長崎市出身．シンガーソングライター．小説家．1973年フォークデュオ・グレープとしてデビュー．76年ソロ・シンガーとして活動を開始．『関白宣言』『北の国から』など数々のヒット曲を生み出す．小説家としても『解夏』『風に立つライオン』などを発表．多くの作品が映画化，テレビドラマ化されている．またNHK「今夜も生でさだまさし」のパーソナリティーとしても人気を博している．2015年に風に立つライオン基金を設立．

公益財団法人 風に立つライオン基金
2015年8月設立，2017年7月公益法人として認定．設立者：さだまさし．国内外のへき地医療や大規模災害の復旧現場などにおいて奉仕活動をする個人や団体に対し，物心両面からの支援を提供している．
http://lion.or.jp/

ボランティアをやりたい！　岩波ジュニア新書 910
――高校生ボランティア・アワードに集まれ

2019年12月20日　第1刷発行

編　者　さだまさし　風に立つライオン基金

発行者　岡本　厚

発行所　株式会社 岩波書店
〒101-8002 東京都千代田区一ツ橋 2-5-5
案内 03-5210-4000　営業部 03-5210-4111
ジュニア新書編集部 03-5210-4065
https://www.iwanami.co.jp/

印刷・理想社　カバー・精興社　製本・中永製本

ISBN 978-4-00-500910-7　Printed in Japan

岩波ジュニア新書の発足に際して

きみたち若い世代は人生の出発点に立っています。きみたちの未来は大きな可能性に満ち、陽春の日のようにひかり輝いています。勉学に体力づくりに、明るくはつらつとした日々を送っていることでしょう。

しかしながら、現代の社会は、また、さまざまな矛盾をはらんでいます。営々として築かれた人類の歴史のなかで、幾千億の先達《せんだつ》たちの英知と努力によって、未知が究明され、人類の進歩がもたらされ、大きく文化として蓄積されてきました。にもかかわらず現代は、核戦争による人類絶滅の危機、貧富の差をはじめとするさまざまな人間的不平等、社会と科学の発展が一方においてもたらした環境の破壊、エネルギーや食糧問題の不安等々、来るべき二十一世紀を前にして、解決を迫られているたくさんの大きな課題がひしめいています。現実の世界はきわめて厳しく、人類の平和と発展のためには、きみたちの新しい英知と真摯《しんし》な努力が切実に必要とされています。

きみたちの前途には、こうした人類の明日の運命が託されています。ですから、たとえば現在の学校で生じているささいな「学力」の差、あるいは家庭環境などによる条件の違いにとらわれて、自分の将来を見限ったりはしないでほしいと思います。個々人の能力とか才能は、いつどこで開花するか計り知れないものがありますし、努力と鍛錬の積み重ねの上にこそ切り開かれるものですから、簡単に可能性を放棄したり、容易に「現実」と妥協したりすることのないようにと願っています。

わたしたちは、これから人生を歩むきみたちが、生きることのほんとうの意味を問い、大きく明日をひらくことを心から期待して、ここに新たに岩波ジュニア新書を創刊します。現実に立ち向かうために必要とする知性、豊かな感性と想像力を、きみたちが自らのなかに育てるのに役立ててもらえるよう、すぐれた執筆者による適切な話題を、豊富な写真や挿絵とともに書き下ろしで提供します。若い世代の良き話し相手として、このシリーズを注目してください。わたしたちもまた、きみたちの明日に刮目《かつもく》しています。(一九七九年六月)

870 覚えておきたい 基本英会話フレーズ130
小池直己
基本単語を連ねたイディオムや慣用的フレーズを厳選して解説。ロングセラー『英会話の基本表現100話』の改訂版。

871 リベラルアーツの学び ―理系的思考のすすめ
芳沢光雄
分野の垣根を越えて幅広い知識を身につけるリベラルアーツ。様々な視点から考える力を育む教育の意義を語る。

872 世界の海へ、シャチを追え！
水口博也
深い家族愛で結ばれた海の王者の、意外な素顔。写真家の著者が、臨場感あふれる美しい文章でつづる。 〔カラー口絵16頁〕

873 台湾の若者を知りたい
水野俊平
若者たちの学校生活、受験戦争、兵役、就活……、3年以上にわたる現地取材を重ねて知った意外な日常生活。

874 男女平等はどこまで進んだか ―女性差別撤廃条約から考える
山下泰子・矢澤澄子監修／国際女性の地位協会編
女性差別撤廃条約の理念と内容を、身近なテーマを入り口に優しく解説。同時に日本の課題を明らかにします。

875 〈知の航海〉シリーズ 知の古典は誘惑する
小島毅 編著
長く読み継がれてきた古今東西の作品を紹介。古典は今を生きる私たちに何を語りかけてくれるでしょうか？

877・876
数学を嫌いにならないで
基本のおさらい篇
文章題にいどむ篇
ダニカ・マッケラー
菅野仁子訳

数学が嫌い？ あきらめるのはまだ早い。この本を読めばバラ色の人生が開けるかもしれません。アメリカの人気女優ダニカ先生が教えるとっておきの勉強法。苦手なところを全部きれいに片付けてしまいましょう。いつのまにか数学が得意になります！

878
10代に語る平成史
後藤謙次

消費税の導入、バブル経済の終焉、テロとの戦い…、激動の30年をベテラン政治ジャーナリストがわかりやすく解説します。

879
アンネ・フランクに会いに行く
谷口長世

ナチ収容所で短い生涯を終えたアンネ・フランク。アンネが生き抜いた時代を巡る旅を通して平和の意味を考えます。

880
核兵器はなくせる
川崎　哲

ノーベル平和賞を受賞したＩＣＡＮの中心にいて、核兵器廃絶に奔走する著者が、核の現状や今後について熱く語る。

881
不登校でも大丈夫
末富　晶

「学校に行かない人生＝不幸」ではなく、「幸福な人生につながる必要な時間だった」と自らの経験をふまえ語りかける。

882
40億年、いのちの旅
伊藤明夫
40億年に及ぶとされる、生命の歴史。それをひもときながら、私たちの来た道と、これから行く道を、探ってみましょう。

883
生きづらい明治社会
—不安と競争の時代
松沢裕作
近代化への道を歩み始めた明治とは、人々にとってどんな時代だったのか？　不安と競争をキーワードに明治社会を読み解く。

884
居場所がほしい
—不登校生だったボクの今
浅見直輝
中学時代に不登校を経験した著者。マイナスに語られがちな「不登校」を人生のチャンスととらえ、当事者とともに今を生きる。

885
香りと歴史　7つの物語
渡辺昌宏
玄宗皇帝が涙した楊貴妃の香り、織田信長が切望した蘭奢待など、歴史を動かした香りをめぐる物語を紹介します。

886
〈超・多国籍学校〉は今日もにぎやか！
—多文化共生って何だろう
菊池　聡
外国につながる子どもたちが多く通う公立小学校。長く国際教室を担当した著者が語る、これからの多文化共生のあり方。

889
めんそーれ！　化学
—おばあと学んだ理科授業
盛口　満
料理や石けんづくりで、化学を楽しもう。戦争で学校へ行けなかったおばあたちが学ぶ教室へ、めんそーれ（いらっしゃい）！

888・887
数学と恋に落ちて
未知数に親しむ篇
方程式を極める篇
ダニカ・マッケラー
菅野仁子 訳
将来、どんな道に進むにせよ、数学はあなたに力と自由を与えます。数学を研究し、女優としても活躍したダニカ先生があなたの夢をサポートする数学入門書の第二弾。式の変形や関数のグラフなど、方程式でつまずきやすいところを一気におさらい。

890
情熱でたどるスペイン史
池上俊一
長い年月をイスラームとキリスト教が影響しあって生まれた、ヨーロッパの「異郷」。衝突と融和の歴史とは？（カラー口絵8頁）

891
不便益のススメ
―新しいデザインを求めて
川上浩司
効率化や自動化の真逆にある「不便益」という新しい思想・指針を、具体的なデザイン、モノ・コトを通して紹介する。

892
ものがたり西洋音楽史
近藤　譲
中世から20世紀のモダニズムまで、作曲家や作品、演奏法や作曲法、音楽についての考え方の変遷をたどる。

893
「空気」を読んでも従わない
―生き苦しさからラクになる
鴻上尚史
どうしてこんなに周りの視線が気になるの？どうして「空気」を読まないといけないの？その生き苦しさの正体について書きました。

894 内戦の地に生きる ―フォトグラファーが見た「いのち」 橋本 昇

母の胸を無心に吸う赤ん坊、自爆攻撃した息子の遺影を抱える父親…。戦場を撮り続けた写真家が生きることの意味を問う。

895 ひとりで、考える ―哲学する習慣を 小島俊明

主体的な学び、探求的学びが重視されているなか、フランスの事例を紹介しながら「考える」について論じます。

896 「カルト」はすぐ隣に ―オウムに引き寄せられた若者たち 江川紹子

オウムを長年取材してきた著者が、若い世代に向けて事実を伝えつつ、カルト集団に人生を奪われない生き方を説く。

897 答えは本の中に隠れている 岩波ジュニア新書編集部編

悩みや迷いが尽きない10代。そんな彼らに、個性豊かな12人が、希望や生きる上でのヒントが満載の答えを本を通してアドバイス。

898 ポジティブになれる英語名言101 小池直己 佐藤誠司

プラス思考の名言やことわざで基礎的な文法を学ぶ英語入門。日常の中で使える慣用表現やイディオムが自然に身につく名言集。

899 クマムシ調査隊、南極を行く！ 鈴木 忠

白夜の夏、生物学者が見た南極の自然とは？ 笑いあり、涙あり、観測隊の日常がオモシロい！〈図版多数・カラー口絵8頁〉

900 男子が10代のうちに考えておきたいこと
田中俊之
男らしさって何? 性別でなぜ期待される生き方や役割が違うの? 悩む10代に男性学の視点から新しい生き方をアドバイス。

901 カガク力《りょく》を強くする!
元村有希子
疑い、調べ、考え、判断する力=カガク力! 科学・技術の進歩が著しい現代だからこそ、一人一人が身に着ける必要性と意味を説く。

902 世界の神話
沖田瑞穂
個性豊かな神々が今も私たちを魅了する聖なる物語・神話。世界各地に伝わる神話のエッセンスを凝縮した宝石箱のような一冊。

903 「ハッピーな部活」のつくり方
中澤篤史
内田 良
長時間練習、勝利至上主義など、実際の活動から問題点をあぶり出し、今後に続くあり方を提案。「部活の参考書」となる一冊。

904 ストライカーを科学する
―サッカーは南米に学べ!
松原良香
南米サッカーに精通した著者が、現役南米代表などへの取材をもとに分析。決定力不足を克服し世界で勝つための道を提言。

905 15歳、まだ道の途中
高原史朗
「悩み」も「笑い」もてんこ盛り。そんな中学三年の一年間を、15歳たちの目を通して瑞々しく描いたジュニア新書初の物語。